사회적 실천 글쓰기

리터러시교육총서

사회적 실천 글쓰기

오희영 지음

대한민국, 서울, 학이시습, 2026

사회적 실천 글쓰기

지은이 오희영
펴낸이 박영률

발행일 2026년 1월 30일

학이시습
출판등록 2007년 8월 17일 제313-2007-000166호
02880 서울시 성북구 성북로 5-11 (성북동1가 35-38)
전화 (02) 7474 001, 팩스 (02) 736 5047
learningbooks@commbooks.com
www.commbooks.com

Lifelong Learning Books
5-11, Seongbuk-ro, Seongbuk-gu, Seoul, 02880, KOREA
phone 82 2 7474 001, fax 82 2 736 5047

학이시습은 커뮤니케이션북스(주)의 평생학습 전문 브랜드입니다.

ISBN 979-11-430-1677-5 93370

책값은 뒤표지에 있습니다.

글쓰기는 사회를 변화시킬 수 있을까

시민이 서로의 의견을 교환하고, 비판과 토론을 통해 공공의 판단을 형성하기 위한 의사소통 도구로 선택할 수 있는 것은 바로 글쓰기다. 또 글쓰기는 인간만이 수행할 수 있는 사회적 행위라는 점에서 인간의 존재 방식을 '글을 쓰는 인간(homo scribens)'으로 독특하게 규정할 수 있게 한다(하병학, 2009:279). 이처럼 글쓰기는 개인적 소통이나 미학적 표현, 학업적 성취를 위한 것보다 사회적 관계를 형성하고 공적 담론을 형성하는 문식 실천으로 수행될 때 그 실천적 의미가 확장된다.

현대와 같이 도덕적 가치가 약화한 시대일수록 사회 정의를 추구하는 글쓰기는 권력과 이데올로기에 예속되지 않으려는 시민의 비판 의식을 드러내는 도구가 된다. 글을 쓰는 행위는 사유와 판단, 타자와의 대화 속에서 시민 의식을 성찰하게 하고, 공공의 이익을 위한 목소리를 형성하게 한다. 즉, 글쓰기는 민주 사회의 구성원으로 하여금 '사회적 실천(social practices)'을 가능하게 하는 행위이자 민주주의의 토대를 지탱하는 지적 행위라 할 수 있다.

이러한 관점에서 사회적 실천으로서의 글쓰기는 민주 사회의 시민성을 길러 내는 중요한 교육적 도구로 기능하게 된다. 성숙한 시민 의식은 개인주의나 집단 이기주의를 넘어 공공선을 추구하려는 실천적 태도에서 비롯되는데, 이는 글쓰기 교육을 통해 길러질 수 있기 때문이다. 따라서 사회적 실천 글쓰기는 시민이 사회 문제에 대해 비판적으로 사고하고, 윤리적 태도를 바탕으로 자신의 목소리를 논리적 근거에 기반하여 표현하며, 타인의 입장을 공감적으로 이해하는 훈련의 장이 된다.

현재 대한민국의 중등 및 고등 교육은 여전히 서열화된 대학 입시 체제와 경제적 성취 중심의 교육 패러다임에 머물러 있다. 이러한 구조에서는 시민적 역량을 함양하기 위한 글쓰기 교육이 실천되기 어렵다. 그러나 민주 사회의 지속 가능성을 위해 필요한 것은 기능적 인간이 아니라, 책임 있는 글쓰기와 성찰적 사고를 실천할 수 있는 시민 의식을 갖춘 지성인이다.

따라서 현 교육 상황에서는 글쓰기를 단순한 표현 도구로 이해하는 수준을 넘어서 공공의 문제를 사유하고, 차이를 대화로 연결하며, 책임 있는 언어로 타인을 설득할 수 있는 시민적 실천 도구로서 리터러시(Literacy)를 재고할 필요가 있다. 이러한 글쓰기 문화가 정착될 때, 교육이 지향하는 시민적 역량을 갖춘 지성인이 양성될 수 있기 때문이다.

디지털 기술과 인공지능의 확산이 가속화되는 사회적 변화 속에 언어의 사회적 기능과 역할에 대한 요구는 이전보다 더욱 강화되고 있다. 민주주의의 근간은 출판과 언론의 자유, 그리고 그 속에 내재된 표현의 자유에 있다. 이러한 민주주의 체제에서 사람들은 표현의 자유를 표방하며 다양한 활동을 전개하고 있다. 정치인과 정당은 국민의 지지를 확보하기 위해 선전과 홍보에 몰두하고, 일반 시민들 또한 개인 인터넷 방송, 사회관계망서비스(SNS), 온라인 댓글 등을 통해 자신의 의견을 적극적으로 밝히고 있다.

그러나 표현의 자유가 개인이나 집단의 이해관계나 이익에 따라 사실을 왜곡하거나 과장하는 수단으로 활용되거나, 심지어 타인을 조롱하거나 혐오를 조장하는 방식으로 사용되는 사례도 적지 않다. 이처럼 표현의 자유가 민주적 공론장을 활성화하기보다는 오히려 분열시키는 도구로 기능할 위험이 존재하는 것이다. 특히 디지털 기술이 확장된 현재의 매체 환경은 시민 개개인에게 공적 발화의 기회를 확대하였으나 언어 사용의 책임성과 윤리성이 약화하는 결과를 초래했다. 온라인 공간은 누구나 발화할 수 있는 공론장을 형성하였지만, 동시에 허위 정보와 감정적

분열이 난무하는 언어 위기의 장으로 변질되기도 했다. 따라서 민주주의의 지속 가능성을 담보하기 위해서는 표현의 자유 범위를 넓히는 것에 앞서 책임 있는 언어 활동이 무엇인지에 대한 고민이 선행되어야 할 것이다.

시민의 문식 실천 행위로서 사회적 실천 글쓰기가 수행되는 대표적인 사례는 대자보, 포스트잇 글, 국민청원, 온라인 게시판, SNS 게시글 등을 들 수 있다. 이러한 글쓰기 공간에서는 다양한 사회 · 정치 · 경제 · 문화적 문제를 담론화하여 사회 문제를 진단하고 시민적 관심을 촉구하며, 나아가 새로운 사회를 위한 변화를 모색하는 과정에서 사회적 실천 글쓰기가 수행되고 있다. 이와 같은 글쓰기 활동은 공적 논의의 장을 형성하고 시민들의 참여를 이끌어 냄으로써 문제 해결을 위한 사회적 행동으로 확장된다.

실제로 이러한 사회적 실천 글쓰기는 공공의대 설립 논쟁, 음주 주취 처벌 관련 법 개정, 조두순 사건, 버닝썬 사건, 텔레그램 n번방 사건 등 주요 사회 문제를 공론화하여 시민적 목소리를 사회적 관심으로 확산시켰으며, 어린이 안전사고 관련 법 발의, 소방직 공무원 국가직 전환, 미국산 소고기 수입 재논의, 대통령 탄핵과 같은 중대한 사회적 변화를 촉발하는 데 기여했다. 이처럼 사회적 실천 글쓰기는 공론장 형성과 사회적 의제 설정을 넘어 구체적인 정책 변화로 이어지는 실질적 영향력을 보인다. 따라서 사회적 실천 글쓰기의 파급 효과는 단순한 의견 표출을 넘어 사회 변화를 촉진하는 데까지 확장되므로 이를 효과적으로 수행하기 위한 체계적 글쓰기 전략 수립이 매우 중요하다.

무엇보다 사회적 실천 글쓰기의 필자는 쓰기 태도 측면에서 일반적 글쓰기를 수행할 때와는 다르게 시민 의식을 갖추어야 한다. 또 독자를 고려하는 방식, 사회적 문제 접근 및 의제 선정 시 유의할 요소들이 무엇인지를 알고 효과적인 글쓰기 전략을 선택하여 활용할 수 있어야 한다. 논증적, 설득적, 비판적, 공감적인 속성에 유의하여 수사적 쓰기 전략을 활용할 때 사회적 실천 글쓰기의 효과가 발휘될 수 있다. 이러한 글쓰기는 시민 교육 현장에서 글쓰기 프로그램을 적용할 때 핵심 교육 원리로 기능할 수 있으며, 결과적으로 민주적 시민 역량을 함양하는 데 기여하게 될 것이다.

참고문헌

하병학(2009). 글을 쓰는 인간 존재- 글쓰기 윤리의 존재론적 토대에 대한 수사학적 고찰. ≪수사학≫, 10집, 272~298.

차례

편집자 일러두기

- 인명, 작품명, 저서명, 개념어 등은 한글과 함께 괄호 안에 해당 국가의 원어를 병기했습니다.
- 외래어 표기는 현행 어문규정의 외래어표기법을 따랐습니다. 다만, '팔로우' 등은 관행을 따랐습니다.

01

세상을 바꾸는 힘, 글쓰기

'글로 세상을 바꾼다'는 말은 거창한 이상이 아니다. 그것은 한 사람의 진심 어린 문장, 불의에 침묵하지 않는 짧은 글 한 줄에서 비롯된다. 교실에서 배운 문법과 쓰기 구조를 넘어, 세상의 모순을 마주하고 그것을 언어로 표현할 줄 아는 용기, 그것이 글쓰기의 본질이자, 사회적 실천 글쓰기가 추구하는 궁극의 가치다.

글쓰기의 성격

문자는 약 5천 년 전 탄생한 인류의 발명품 중 하나로 유구한 인류사에 비하면 비교적 짧은 역사를 갖고 있다. 문자의 등장은 인간의 의사소통 양식을 말하기 · 듣기 중심에서 쓰기 · 읽기 중심으로 전환하는 계기가 되었다. 그러나 문자의 발명 이후에도 음성 언어는 의사소통의 주요 수단으로 오랜 기간 영향력을 유지했다. 지배계층 일부의 전유물로 인식되었던 문자가 전파되어 일반 민중도 읽고 쓰기를 배우게 된 것은 알파벳의 체계화와 인쇄 기술의 발달 이후에야 비로소 가능해졌기 때문이다(Janks, 2009/2019:31).

문자라는 시각적 표기 체계는 쓰기를 통해 말을 온전히 포착할 수 있었고, 그 결과 음성 언어가 지닌 복잡한 구조와 지시 체계의 특수성을 시각적으로 기록하는 것이 가능해졌다. 음성은 문자화 과정을 통해 보다 정교한 구조와 지시 체계를 갖춘 형태로 산출될 수 있었다. 이러한 쓰기는 말하기를 구술 · 청각의 세계에서 새로운 감각, 즉 시각의 세계로 이동시킴으로써 말하기뿐만 아니라 사고방식의 변화를 함께 촉발했다.

글쓰기는 문자를 도구로 하여 인간의 감정이나 사고를 표현하는 사회적 소통 매개로서 중요한 역할을 한다. 문자

이외에도 음성이나 표정, 몸짓, 그림, 음악 등의 비언어적 요소를 사용하여서도 자신의 의사를 전달할 수 있지만, 문자는 고도의 추상적 사고를 요한다는 면에서 여타의 소통 기호와 그 차이점이 있다.

또 글쓰기는 분석적, 구조적 사고를 요구하기 때문에 쓰기 능력은 예로부터 지적 능력의 좌표로 여겨지기도 했다. 봉건 사회에서 글을 쓸 줄 안다는 것은 계급을 구분하고 지식수준을 측정하는 중요한 기준이 되었다. 문어는 구어와는 다른 체계였기 때문에 쓰기는 생산 노동에 종사하지 않으면서 글자를 익힐 시간적 여유를 가진 특권층만이 누릴 수 있는 배타적 권리였다. 글쓰기가 보편화된 것은 근대로 접어들어 대중 교육의 시대가 열리면서 대부분의 사람들이 문맹에서 벗어나게 된 이후였다. 이제 쓰기 능력은 더 이상 특정 계급의 전유물이자 특권을 보장하는 수단이 되지 않지만, 여전히 개인의 교양을 나타내고 지적 능력을 평가하는 척도로 중요하게 받아들여지고 있다.

다른 한편으로 글쓰기는 인간을 변화시키고 새롭게 형성하는 역할을 한다. 인간은 언어를 사용하는 주체이지만 글쓰기 행위를 통해 오히려 자신의 사고 구조를 재구성할 수도 있다. 머릿속에 떠오른 생각을 독자가 이해할 수 있는 언어로 표현하기 위해서는 자신이 전달하고자 하는 바가 무엇인지 명확히 하고, 이를 효과적으로 표현할 수 있는 최선의 방법을 찾기 위해 체계적이고 분석적인 사고 과정을 거쳐야 하기 때문이다. 이 과정에서 필자는 세계에 대한 새로운 관점과 인식에 도달하게 된다.

글쓰기의 목적

글쓰기의 목적은 글을 쓰는 이유와 지향하는 방향에 따라 개인적 목적과 사회적 목적으로 구분할 수 있다. 개인적 목적의 글쓰기는 자기표현과 내면 탐구를 위해 자기 이해와 성찰, 심리적 해소, 창의적 표현, 자기 발전을 주된 목적으로 삼는다. 사회적 목적의 글쓰기는 공동체와의 소통과 사회적 영향력을 지향하여 타인과의 의사소통, 공공성, 참여와 비판, 사회적 책임을 이루기 위한 목적으로 수행된다. 글쓰기의 목적을 이분법적으로 구분하였지만, 플라워(Linda Flower)는 극히 사적이면서도 개인적으로 사고하고 느끼는 글쓰기조차도 주변의 사람들과 생각, 과거와 현재를 둘러싼 수사적 상황 가운데에서 이루어지는 것이라고 강조했다(Flower, 1979/1998:7). 즉, 개인적 글쓰기와 사회적 글쓰기는 서로 대립되는 영역이 아니라 연속선상에 위치해 있다고 볼 수 있다.

이 책에서는 글쓰기의 목적을 사회적 실천에 두고 사회

문화적 맥락 속에서 공동체 구성원으로서의 책임과 참여를 실천하는 행위에 주목한다. 글쓰기를 통해 개인은 사회 구조 속 자신의 위치를 성찰하고, 불평등과 갈등의 원인을 탐구하며, 타인과의 관계 속에서 공공선을 실현하기 위한 실천적 행동을 모색할 수 있다. 또한 이러한 글쓰기는 '왜 써야 하는가'에 대한 근본적인 문제의식이나 반성적 성찰을 통해 언어 행위의 사회적 힘을 인식하고, 쓰기 주체의 주도성(agency)을 길러 줄 수 있다(원진숙, 2019:215).

도덕적 가치가 위축된 시대일수록 글쓰기는 사회 정의를 추구하고, 권력과 이데올로기에 휘둘리지 않으려는 시민의 자발적 실천 행위로서 의미를 갖는다. 글을 쓰는 행위는 사유하고 판단하며 타인과 대화하는 속에서 시민이 스스로의 신념을 점검하고, 공공의 이익을 위한 목소리를 형성하게 한다. 즉, 글쓰기는 민주 사회의 구성원으로 하여금 '사회적 실천'을 가능하게 하는 행위이자 민주주의의 토대를 지탱하는 지적 행위라 할 수 있다. 이러한 관점에서 시민이 사회 문제에 대해 비판적으로 사고하고, 문제 해결을 위해 자신의 목소리를 논리적으로 표현하며, 타인의 입장에 공감하는 글쓰기를 '사회적 실천 글쓰기'라 명명할 수 있다.

민주 사회가 유지되고 지속적으로 발전하기 위해서는

개개인이 민주 시민으로서의 책임 의식을 갖추고 사회 문제 해결에 관심을 가지고 참여해야 한다.

표현의 자유가 보장된 민주 사회에서는 다양한 담론이 공존한다. 그 다양성이 사회적으로 존중받는 의미를 갖게 하기 위해서는 다수가 숙의하는 과정을 거쳐야 한다. 사회적 실천 글쓰기는 바로 이러한 숙의가 시작되는 출발점이다. 한 개인의 작은 글쓰기가 새로운 의제를 제기하고, 이러한 글들이 모여 공론장을 형성하며, 공론의 장은 궁극적으로 사회적 합의와 변화를 이끌어 낼 수 있다.

학교 교육에서의 글쓰기는 그동안 주로 표현 기술의 습득과 지식 전달의 정확성에 초점을 두어 왔다. 학습자는 자신이 학습한 지식이나 경험을 논리적으로 표현하는 데 집중했으며, 글쓰기를 사회적 행위보다는 개인적 과업으로 이해하는 경향이 강했다. 그러나 사회적 실천 글쓰기는 '무엇을 어떻게 잘 쓰는가'보다 '무엇을 위해, 누구를 향해 쓰는가'를 묻는다. 즉, 필자가 사회 속에서 문제를 인식하고 이를 공공선의 관점에서 해결하려는 의지를 표현하는 글쓰기로 확장된다.

사회적 실천 글쓰기는 사회 변화를 목적으로 하지만, 그 이전에 글을 쓰는 개인의 내면적 변화를 일으킨다. 필자는 자신의 생각과 경험을 언어로 구성하는 과정에서 스스로의 가치와 세계관을 성찰하게 되며, 글쓰기를 통해 삶의 의미를 재구성하게 되는 것이다. 김성수(2013)는 이러한 과정을 "의미화의 실천 과정"으로 규정하면서, 글쓰기를 인간 형성과 성장의 과정으로 보았다. 실제로 사회적 실천 글쓰기는 성인 학습자의 삶을 성찰하는 학습 형태로, 또는 진로 교육에서 직업 리터러시를 개발하는 실천적 도구로 활용되기도 했다(김경이, 2009; 정옥년, 2014). 즉, 사회적 실천 글쓰기는 학습과 성찰, 그리고 시민적 실천을 동시에 아우르는 배움의 과정이라 할 수 있다.

글을 쓰는 용기

사회적 실천을 목적으로 글을 쓴다는 것은 곧 세상과 마주하는 일이다. 필자는 글쓰기라는 언어 실천을 통해 자신의 생각을 드러내고, 불의에 침묵하지 않으며, 타인과의 차이를 인정하면서도 더 나은 사회를 향해 나아가고자 하는 의지를 표명하게 된다. 이러한 행위를 실천함에는 언제나 용기가 필요하다. 글을 쓰는 용기란 단지 표현의 두려움을 극복하는 심리적 차원의 용기가 아니라, 자신이 선택한 언어 실천과 그에 대한 책임을 지려는 시민적 용기를 의미한다.

사회적 실천 글쓰기를 수행하는 필자는 자신의 글이 누

군가에게는 응원이나 살아갈 의지를 줄 수도 있지만 상처를 주거나 부정적인 결과를 초래할 가능성도 있다는 것을 인식해야 한다. 즉, 자신의 글이 사회적 영향력을 행사할 수 있다는 인식 속에서 필자는 언어 윤리를 고민하고, 설득과 소통에 대한 책임을 성찰하며, 타자와의 관계 속에서 자신을 새롭게 형성하게 된다. 따라서 글을 쓰는 용기란 바로 이러한 관계적 윤리성과 책임의 감수성을 동반한 실천의 힘을 말한다.

프레이리(Paulo Freire)가 "행동 없는 참된 말이란 존재하지 않는다. 따라서 진정한 말을 한다는 것은 곧 세계를 변혁시키는 일이다. … 고발이란 변혁을 위해 뛰어드는 투신이 없이는 불가능한 것이다"라고 말한 것은 대의를 위한 투신은 용기를 필요로 하는 것임을 강조하는 것이다.

참고문헌

김경이(2009). 미국 대학의 선행학습경험 인정제도 검토를 통한 우리나라 대학의 성인학습자 지원 방안 연구. ≪교육행정학연구≫, 27권 1호, 171~197.

김성수(2013). 글쓰기는 생각 쓰기이자 삶 쓰기: 삶을 가꾸는 글쓰기 교육의 이상과 현실. ≪우리말교육현장연구≫, 7권 2호, 7~38.

원진숙(2019). 작문 교육과정의 과거, 현재, 그리고 미래.

≪작문연구≫, 41권, 191～224.
정옥년(2014). 진로교육을 위한 독서작문교육의 방향. ≪독서연구≫, 33호, 9～68.
Flower, L.(1979). *Problem-Solving Strategies for Writing.* Harcourt Brace Jovanovich. 원진숙·황정현 옮김(1998). 『문제해결전략』. 동문선.
Freire, P.(1970). *Pedagogy of the Oppressed.* Continuum. 성찬성 옮김(1986). 『페다고지』. 한마당.

02

글쓰기의 사회적 기능

'사회적 실천 글쓰기'란 시민과 공공성을 지닌 주체가 사회 · 문화적 맥락 속에서 사회 변화를 목적으로 수행하는 공적 글쓰기다. 이때의 글은 단순히 사회 문제를 비판하는 글이 아니라, 변화를 촉구하고 행동을 제안하는 글이다. 그 주체는 정치인이나 전문가가 아니라 평범한 시민이며, 글쓰기 공간은 거리, 교실, 인터넷 게시판 어디든 될 수 있다.

글쓰기의 진화: 자기표현에서 사회적 실천으로

쓰기 이론의 역사는 인식론적 측면에서 의미 구성의 주체를 텍스트에 두는지, 개인에게 두는지, 사회에 두는지에 따라 관점이 변화되어 왔다. 이를 형식주의적 관점, 인지주의적 관점, 사회적 구성주의 관점으로 구분할 수 있다.

형식주의 관점에서는 글쓰기에서 필자나 독자, 사회적 맥락을 무시하고 텍스트 자체를 강조하여 글쓰기의 결과를 중시한다. 이 관점의 글쓰기 교육에서는 모범적인 텍스트를 모방하도록 쓰기를 훈련하면 글쓰기 능력이 신장된다고 보았다. 이와 같이 전통적인 쓰기 교육에서 모범 글의 모방과 오류 없는 텍스트 생산에 집중하였던 결과 중심적 교육이 수행되는 상황에서 과정 중심주의의 등장은 패러다임적 전환으로 인식되었다. 교사가 글쓰기의 과정을 나누고, 그 과정을 하나하나 학습하며 수사학의 원리를 도입하여 독자 개념을 성립시킨 과정 중심 교육 방법은 획기적인 것으로 받아들여졌다(정희모, 2011:9).

인지주의적 관점은 글쓰기라는 현상에서 완성된 결과물보다 그 결과물이 생산되기까지의 과정에 주목한다. 이 이론에서 쓰기는 필자가 의미를 구성하는 역동적 과정이며, 그 과정에서 발생하는 다양한 문제를 해결해 가는 인지적 행위로 간주된다. 인지주의 관점의 이론 중 표현주의는 개별 학생들의 자아 발견을 목표로 하여 학생들이 자기 이해를 통해 '진정성 있는 목소리'를 드러내는 것에 관심을 가졌다(Ward, 1995/2015:11). 글쓰기에 두려움과 거부감을 느끼는 미숙한 필자에게는 '자유롭게 쓰기'를 통해 아이디어를 창안하고 글쓰기의 즐거움을 느낄 수 있다는 점을 강조했다. 그러나 표현주의 이론가들은 쓰기 수업에서 대화를 장려하였지만 글쓰기의 과정은 일방향적으로 진행된다고 인식했다. 이에 표현주의 이론에서는 '쓰기는 배울 수는 있으나 가르칠 수는 없다'고 주장했다. 필자의 내면적 경험을 중심으로 '자기 발견'과 '자기 표현'을 중시하고, 타인의 시선보다 자신의 목소리를 통해 글을 써야 한다는 점을 강조했다. 그러나 이러한 접근은 필자의 내면적 세계에만 초점을 두기 때문에 사회적 맥락과 권력관계, 이데올로기적 의미를 간과한다는 비판을 받았다(이재기, 2001:340).

사회적 구성주의에서는 글쓰기를 '사회적 행위'로 보고 필자, 독자, 문화 간에 일어나는 상호작용으로 여긴다. 공동체 간의 협의에 의해 지식이 형성된다고 주장하는 사회적 구성주의는 필자에 의해 생성된 텍스트는 또 다른 텍스트와의 상호 교섭의 결과나 반응으로 지속적인 대화에 의한 산물로 간주한다. 인지주의가 의미를 개인의 개별적인 구성 행위의 결과물로 보았다면, 사회적 구성주의는 의미를 공동체 내 사회 구성원들 간 상호작용의 산물로 간주하는 것이다.

사회적 구성주의 관점에서 독자는 텍스트의 의미를 단순히 수용하는 것이 아니라 능동적인 협상의 과정을 통해 의미를 구성해 내는 '생산적 독자'다. 따라서 인지주의에서처럼 쓰기 과정을 개인의 문제 해결적 사고 행위로 보지 않는다. 사회적 구성주의 이론에서 필자가 된다는 것은 담화 공동체의 관습과 규범을 숙지하고 실천하는 사람이 된다는 것이며, 공동체 일원으로서 필자가 생산하는 텍스트를 담화 공동체의 관습과 규범의 구현물로 간주한다는 것이다.

1990년대 들어 포스트모더니즘 이론을 반영하면서 쓰기를 사회문화적 실천으로 보는 이론들이 등장했다. 이 중에 대화주의 글쓰기 이론은 의사소통을 구성하는 참여자 간의 상호작용에 의해 의미가 구성된다고 보았다. 언어와 의미의 사회성을 중시한다는 면에서는 사회적 구성주의와 유사하지만, 전자가 의미의 중심이 공동체에 있다고 보는 반면, 대화주의는 대화 참여자의 상호작용과 협상 속에 의미가 있다고 본다는 점에서 차이가 있다.

2007년 개정 국어과 교육과정 이후, 한국의 쓰기 교육은 점차 맥락 중심의 사회적 구성주의 관점으로 전환되었다. 사회문화적 관점의 쓰기 이론은 글쓰기를 개인의 내면적 표현이 아니라 사회적 상호작용 속에서 의미를 구성하는 행위로 본다. 이에 따라 교육과정의 '내용 체계'에서도 사회적 구성주의 쓰기 이론이 반영되어, 실제적 언어생활을 기반으로 한 쓰기 교육이 강조되고 있다.

특히 최근의 교육과정에서는 매체 활용 능력과 비판적 태도가 주요 요소로 부각되고 있다. 이는 글쓰기를 사회문화적 맥락에서 해석하고, 다양한 매체와 기호를 활용하여 타인과 소통하는 사회적 실천 행위로 이해하는 방향과 맞닿아 있다. 따라서 '사회적 실천'의 개념은 이미 교육과정 속에 포괄적으로 내재되어 있으며, 쓰기 교육의 핵심 철학으로 자리 잡아 가고 있다고 볼 수 있다.

그러나 이러한 사회문화적 전환에도 불구하고, 실제 교육 현장에서 '사회적 실천'의 개념을 구체적인 수업으로 구현하는 일은 여전히 쉽지 않다. 곽수범은 미국에서 진행된 쓰기 교육 프로젝트 연구에서, 참여 교사들 중 '사회적 실천'을 글쓰기 교육의 신념으로 삼는 경우가 구조주의나 관념주의 같은 다른 신념에 비해 가장 적었으며, 이론적으로는 공감하더라도 실제 수업에서는 구현하지 못하는 사례가 많았다고 보고했다(곽수범, 2020:219). 국내 교육 현장에서도 이와 유사한 양상들이 나타난다. '사회적 실천'은 교사와 학생 모두에게 높은 수준의 비판적 사고력, 사회적 문제 인식, 담론 참여 역량을 요구하기 때문에, 교실 내에서 이를 구체적으로 구현하기 어려운 것이 현실이다. 그럼에도 글쓰기를 개인의 표현 차원에서 사회적 실천의 차원으로 확장하는 시도는 오늘날 글쓰기 교육의 핵심 과제이자 새로운 패러다임의 전환점으로 평가할 수 있다.

기능적 리터러시와 비판적 리터러시

리터러시는 구체적인 삶의 실제 속에서 의미를 생산하고 소비하는 다양한 소통 방식을 모두 포함하고 있다. 따라서 글을 읽고 내용을 이해하여 새로운 의미를 구성하는 행위에서부터, 디지털 기술을 습득하여 일상생활에 적용하고 타인과 상호작용하는 사회적 실천에 이르기까지의 모든 과정이 리터러시와 연관성을 갖는다.

리터러시를 사회문화적 관점으로 접근할 때, 언어는 고립된 기능이 아니라 개인적 차원을 넘어 사회 제도, 권력관계, 문화적 관습 등 거시적 맥락과 긴밀히 연관된다.

리터러시를 대하는 입장은 주체가 맥락에 관여하는 방식, 즉 문자언어로 소통하는 능력에 따라 기능적 리터러시와 비판적 리터러시로 나누어진다.

기능적 리터러시(functional literacy)는 사회에서 기능하기 위해 필요한 읽기, 쓰기, 계산, 문서 처리 등의 능력을 중심으로 이해되는 리터러시다. 이는 사회 구성원이 일상생활 속에서 효율적으로 의사소통하고 정보를 처리하기 위한 최소한의 기술적 능력을 의미한다. 리터러시 교육에서 학교의 역할을 강조하는 기능적 리터러시는 한번 습득하면 언제 어디서나 발현될 수 있는 보편적인 기능으로 간주된다. 따라서 기능적 리터러시는 학교 안팎 어디서든 전이 가능한 일련의 기능을 가르치는 것을 목적으로 하며, 그 능력을 측정할 수 있고 누구나 같은 방법으로 배워야 한다고 여겨졌다(Barton, 1994/2014:295).

기능적 리터러시를 지지하는 교육자들은 리터러시를 위계화할 수 있는 일련의 기능 집합으로 보고, 체계적이고 표준화된 프로그램을 통해 교육해야 한다고 주장했다(정혜승, 2008:170). 이러한 관점은 리터러시를 개인의 인지적 능력으로 한정하고 사회적 맥락과는 독립적인 자율 체계로 이해하는 것이다.

이에 비해 비판적 리터러시(critical literacy)는 리터러시를 단순한 기능적 능력이 아닌, 이데올로기와 권력의 문제로 인식했다. 비판적 리터러시의 관점은 기능적 리터러시 중심의 교육이 사회적 불평등을 재생산하고, 특정 집단의 가치와 지식만을 강화한다고 지적한다. 따라서 비판적 리터러시는 '누가 담론을 생산하고 통제하는가', '왜 특정한 리터러시가 요구되는가'와 같은 질문을 던지며, 리터러시를 사회적 권력관계 속에서 재해석한다. 비판적 리터러시는 리터러시가 중립적이고 자율적이라는 견해에 반대하며 구체적인 사회적 실천의 측면에서 리터러시를 이해하고자 했다(Gee, 1990/2019:99).

사회문화적 관점에서의 리터러시는 기능적 리터러시에 도전한 프레이리의 비판적 리터러시에 이어, 디지털 매체의 등장으로 새로운 의사소통 환경 속에서 다양한 기호와 양식이 복합적으로 상호작용하는 텍스트를 디자인 개념으로 접근하는 연구로 확장되었다. 이러한 연구들은 리터러시에 대한 새로운 관점을 전향적으로 수용하면서 리터러시를 '다양한 기호 자원을 창의적으로 활용하여 특정한 사회문화적 상황 속에서 의미를 구성하고 소통하는 실천'으로 이해한다(정혜승, 2009:278).

사회적 실천 글쓰기는 담론 생산과 수용에서 권력과 이데올로기의 관계에 주목하는 비판적 리터러시를 기반으로 하는 문식 실천이다. 무엇보다 사회적 실천 글쓰기에서 중요한 것은 개인적 차원이 아닌 자신의 사회적 정체성을 인식한 필자가 사회문화적 맥락 안에서 자신이 의도하는 사회적 목적을 성취하기 위해 특정 유형의 문식 사건으로서의 문식 실천에 참여하는 방식이다.

참고문헌

곽수범(2020). 논증적 글쓰기 교육: 작문교육 연구를 위한 수업 관찰과 이론 검토. ≪리터러시연구≫, 11권 5호, 191~238.

이재기(2001). 주체, 이데올로기, 그리고 문식성 교육. ≪국어교육학연구≫, 12권, 317~361.

정희모(2011). 대학 글쓰기 교육과 연구 과제. ≪리터러시연구≫, 2권, 7~29.

정혜승(2009). 문식성 실천으로서 베토벤 바이러스 팬덤(fandom) 읽기. ≪국어교육≫, 128권, 273~324.

Barton, D.(1994). *Literacy: An Introduction to the Ecology of Written Language*. Oxford: Blackwell Publishers. 김영란 외 옮김(2014). 『문식성: 문자 언어 생태학 개론』. 연세대학교 대학출판문화원.

Gee, J. P.(1990). *Social Linguistics and Literacies: Ideology in Discourses.* London: Falmer Press. 김영란 외 옮김(2019). 『사회언어학과 서로 다른 리터러시: 담론과 이데올로기』. 사회평론아카데미.

Ward, I.(1995). *Ideology, Power, and Writing Instruction.* Albany. NY: State University of New York Press. 박태호 외 옮김(2015), 『이데올로기와 대화 그리고 작문교육의 새로운 패러다임』. 아카데미프레스.

03

사회적 실천 글쓰기의 조건

사회적 실천 글쓰기는 개인의 내면적 성찰을 표현하는 데서 나아가, 언어를 통해 공동체의 문제를 공론화하고 사회적 변화를 추구하는 참여적 글쓰기다. 이러한 글쓰기는 글을 잘 쓰는 기술보다 책임 있게 쓰는 태도를 중시하며,
공공성 · 참여성 · 윤리성 등 시민적 실천 역량에 기반한다. 즉, 사회적 실천 글쓰기는 민주주의를 유지하고 공동체에 기여하기 위한 언어적 실천 행위로, 시민이 사회와 관계 맺는 가장 적극적이고 실천적인 글쓰기의 형태라 할 수 있다.

사회적 실천의 개념

사회적 실천에 대한 논의는 다양한 학문적 영역에서 시도되었다. 윤리철학자 매킨타이어(Alasdair MacIntyre)는 공동체가 추구해야 할 공동선으로서 덕을 강조했다. 그는 덕의 의미를 설명하기 위해 '사회적 실제(a practice)'라는 개념을 사용하면서, 덕은 추상적 개념이 아니라 구체적인 사회적 맥락 속에서 형성되며, 사회적 실천 과정에서 효과적으로 획득되고 실행된다고 주장했다(유재봉, 2004:259). 이러한 '사회적 실천' 개념을 교육학에 확장한 허스트(Paul Hirst)는 지식 중심 교육의 한계를 비판하면서, 그 대안으로 '사회적 실천으로서 교육에의 입문'이라는 개념을 제시했다(홍은숙, 2004). 그는 지식을 가르치고 배우기 위한 혼신의 노력에도 불구하고 사회 곳곳에서 온갖 비교육적 행태들이 자행되는 현실을 비판하며 지식 교육의 문제를 지적했다. 이러한 지식 교육의 오류를 극복하기 위한 대안으로 '삶에 유용한 지식', '삶에 적용되는 지식' 교육의 필요성을 강조했다. 이 과정에서 '사회적 실천'은 교육의 내재적 가치로 제시되었다.

'사회적 실천'의 개념에 대한 여러 논의의 바탕에는 모두 지식과 삶을 포괄하는 리터러시의 원리가 작동되고 있다.

바턴(Barton, 2014)은 리터러시를 문자 언어를 기반으로 한 사회적 실천으로 보았으며, 쟁크스(Janks, 2019) 또한 리터러시를 사회적 실천으로 정의하면서, 문식 실천이란 문자 언어를 사용하는 양식화되고 전형적인 방식으로 문화에 의해 정의되고 사회적 제도에 의해 규제된다고 설명했다.

사회적 실천으로서 리터러시는 언어에만 초점을 두는 것이 아니라 일상 맥락을 넘어서 다양한 의사소통이 작용하는 방식까지 확장되고 있다. 라슨과 마시(Larson & Marsh, 2015)의 연구에 의하면 교육 현장에서 실천적 관점으로 접근하는 리터러시 연구는 뉴리터러시 연구, 비판적 리터러시처럼 이데올로기와 관련이 있거나, 디지털 리터러시, 다중양상 리터러시처럼 기술과 매체 환경과 연관되거나, 공간과 놀이를 포함해 삶의 실제 안에서 의미를 생산하고 소비하는 다양한 범주를 모두 포함하고 있다. 즉, 글을 읽고 내용을 이해하며 새로운 의미를 구성하는 수준에서, 디지털 기술을 활용하여 일상생활에 적용하고 타인과 상호작용하는 과정에 이르기까지 광범위한 활동이 모두 사회적 실천과 연관된다.

사회적 실천 글쓰기의 정의

사회적 실천 글쓰기는 개인의 내면을 표현하는 글쓰기이자, 사회적 삶을 공유하는 글쓰기다. 필자는 공동체의 문제를 다루는 과정에서 타자와의 관계 속에서 자신을 재인식하며, 대화와 협의를 통한 공동의 해결을 모색한다. 자기실현을 목적으로 하는 글쓰기가 자유로운 자기표현에 중점을 둔다면, 사회적 실천 글쓰기는 공동체의 설득과 합의 형성을 지향하는 의식적 글쓰기다.

무엇보다 사회적 실천 글쓰기는 개인이 갖추어야 할 핵심 시민 역량 중 하나로, 공동체의 공적 문제를 구성원들과의 상호 의사소통을 통해 비판적으로 인식하고 이를 해결하기 위한 참여적 행위를 수행하는 공적이고 목적 지향적인 언어 실천을 의미한다. 즉, 글쓰기를 사고의 표현이나 정보 전달 차원의 수단으로 한정하지 않고, 사회적 변화를 지향하는 시민의 담론 활동으로 보는 관점이다. 이러한 글쓰기는 언어를 매개로 개인의 인식과 사회 구조를 연결하며, 사회의 불평등, 갈등, 차별 등의 문제를 공론화하고 개선하려는 실천적 기능을 수행한다.

이처럼 글쓰기는 본질적으로 사회적 행위이며, 실천적 맥락 속에서 이해되어야 한다. 그러나 교육 현장에서의 쓰기 교육은 여전히 일상적 글쓰기(일기, 편지, 실용문)나 학문 목적의 글쓰기(보고서, 논문) 중심으로 이루어지고 있어, 사회적 실천을 목표로 하는 글쓰기 교육은 상대적으로 미흡한 실정이다. 글쓰기의 목적이 무엇인가에 따라 필자의 정체성, 독자 인식 방식, 쓰기 전략 등이 달라지므로, 사회적 실천 글쓰기는 자기표현이나 학술적 논증을 위한 글쓰기와는 본질적으로 다른 차원을 지닌다. 이에 사회적 실천 글쓰기는 개인적 성취가 아닌 공공의 문제 해결을 목적으로 한다는 점에서 그 특수성이 있다.

또 사회적 실천 글쓰기는 개인이 시민으로서 공공의 문제를 비판적으로 성찰하고, 언어적 행위를 통해 사회적 변화를 실현하고자 하는 참여적 글쓰기를 의미한다. 이러한 관점은 문식 사건의 문식 실천이라는 의미를 갖는 비판적 리터러시 개념에 기반하여, 글쓰기를 사회 구조 속에서 의미를 구성하고 변화를 시도하는 실천적 행위로 간주하는 것이다.

그러나 모든 공적 글쓰기가 사회적 실천 글쓰기에 포함되는 것은 아니다. 예를 들어 자기소개서, 회사의 기획서, 납세 신고서, 청구서, 보고서 등은 공적 목적을 지니지만, 사회적 공공선을 추구하거나 비판적 문제의식을 담고 있지 않기 때문에 사회적 실천 글쓰기로 보기 어렵다. 반면 단순 정보 제공을 목적으로 한 글이라도, 그 의도나 맥락이 사회 변혁의 실천과 연결된다면 사회적 실천 글쓰기의 범주에 포함할 수 있다. 사적 장르의 글이어도 공동체의 문제를 성찰하고 참여를 촉구하는 의지를 담고 있다면 이 또한 사회적 실천 글쓰기로 간주할 수 있다. 예컨대 개인 블로그의 글이나 사적인 편지라도 사회적 불평등, 차별, 환경, 인권 등의 문제를 다루며 사회 참여를 촉구한다면 사회적 실천 글쓰기로 인정할 수 있다.

따라서 사회적 실천 글쓰기는 ① 사회 문제를 다루는가, ② 글의 목적이 사회적 변화를 지향하는가, ③ 필자가 문제 해결에 참여적 태도를 보이는가, ④ 독자의 공감과 참여를 촉구하는가 등의 준거를 통해 규정될 수 있다. 이때 중요한 것은 문장력이나 수사적 기교가 아니라 공공선에 대한 진정성, 타인의 고통에 대한 공감, 사회 정의 실현을 향한 참여 의지 등 윤리적 실천 가치다. 즉, 사회적 실천 글쓰기는 미학적 완성도보다 진정성, 공감, 책임성, 윤리적 실천성을 중심으로 평가되어야 한다.

요컨대 사회적 실천 글쓰기는 공적 담론을 생성하고 사회 문제 해결을 지향하는 문식 행위로 정의할 수 있다. 사회적 실천 글쓰기의 필자는 공론장이 형성되는 사회적 맥락을 비판적으로 인식하고, 해당 문제를 둘러싼 다양한 담론의 이해관계를 분석하여, 자신의 주장이 편견이나 이념적 편향에 기반하지 않았는지를 성찰할 수 있어야 한다. 이러한 과정을 통해 사회적 실천 글쓰기는 단순한 텍스트 생산을 넘어, 시민적 사고력, 비판적 판단력, 공공적 책임 의식을 길러 주는 시민의 실천적 문식 행위로서 의의를 갖게 된다.

결국 사회적 실천 글쓰기는 개인의 성찰과 사회 변화를 동시에 추구하는 글쓰기이며, 담론을 생성하고 숙의 민주주의를 실현하는 민주적 언어 실천이라 할 수 있다. 교실 안에서 배우는 글쓰기가 교실 밖 사회의 문제와 연결될 때, 학습자는 언어를 통해 세상과 관계를 맺는 시민으로 성장하게 된다. 이러한 측면에서 사회적 실천 글쓰기는 교실에서 세상으로 확장되는 글쓰기이며, 민주 사회에 실질적으로 기여하는 교육적 · 사회적 가치를 지닌다.

사회적 실천 글쓰기의 속성

사회적 실천 글쓰기는 매체나 표현 방식에 따라 차이가 있으나, 자발적, 목적 지향적, 비판적, 설득적, 실천적 성격을 지닌다는 공통점이 있다. 또 단순한 정보 전달이나 자기표현을 넘어, 공공성과 참여성을 동시에 추구한다. 공공성은 사회 정의와 공동체의 공익을 지향하는 가치적 측면의 성질이며, 참여성은 필자가 사회적 문제 해결 과정에 능동적으로 개입하는 실천적 측면의 성질이다.

현대 사회가 요구하는 시민성은 다양성 존중과 관용, 연대감, 공공성, 사회적 책임감, 비판적 사고력, 능동적 참여, 민주적 의사 결정 능력 등으로 구성된다(우현정, 2018:18). 이에 더해 사회적 실천 글쓰기는 자발성, 주체성, 실천성을 중시한다. 시민성은 실천을 전제하지 않으면 그 의미가 상실되기 때문이다(장원순, 2003:184). 따라서 사회적 실천 글쓰기를 수행하는 필자는 단순히 의견을 표현하는 참여자가 아니라, 사회적 정의를 실현하려는 '정의 지향적 시민'으로 성장하게 된다. 정의 지향적 시민은 사회 문제를 비판적으로 분석하고, 구조적 원인을 탐색하며, 언어적 실천을 통해 사회 변화를 도모하는 참여적 주체라 할 수 있다.

사회적 실천 글쓰기가 다른 글쓰기 장르와 구별되는 가장 큰 요소는 필자의 공공성에 대한 이해와 태도, 공동체 문제에 대한 관심, 문제 해결을 전제로 하는 책임 의식에 있다. 이러한 관점에서 사회적 실천 글쓰기가 지닌 속성을 다음과 같이 정리할 수 있다.

① 공공성: 사회적 실천 글쓰기는 개인의 사적 감정이나 경험에서 출발하더라도 그것을 공동체의 문제로 확장한다. 개인의 목소리를 사회적 담론의 장으로 옮김으로써,

개인의 문제와 사회 구조의 문제를 연결한다.

② 참여성: 사회적 실천 글쓰기는 단순한 비판이나 불만의 표출에 머물지 않고, 공동의 문제 해결과 사회적 변화를 직접 모색하고자 한다. 이러한 글쓰기는 사회 문제에 대한 문제 제기에 그치는 것이 아니라 실제적인 참여와 시민의 행동을 촉발한다.

③ 자발성: 사회적 실천 글쓰기는 제도적 의무나 강제에 따른 행위가 아니라, 시민으로서의 윤리적 책임과 양심에서 비롯되어 스스로 우러난 행위다. 자발성은 내면의 도덕적 판단에 기반한 시민적 실천이라 할 수 있다.

④ 설득성: 사회적 실천 글쓰기는 감정적 외침이나 일방적 주장에 그치지 않고, 이성적 근거와 논리적 호소를 통해 사회적 공감과 합의를 모색한다. 설득성은 사회 구성원 간의 대화를 가능하게 하는 담론 구성의 핵심 요소다.

⑤ 문제 해결성: 사회적 실천 글쓰기는 현실의 불합리와 사회적 모순을 인식하는 데서 나아가, 구체적인 실천과 행동을 통해 해결 방안을 제시한다. 이때, 글쓰기는 인식의 결과이자 행동의 출발점이 된다.

⑥ 윤리성: 사회적 실천 글쓰기에서 언어는 타인에게 상처 입히는 도구가 아니라, 공동체의 품격과 존엄을 지키는 수단이 된다. 글쓰기를 통해 언어의 책임성과 도덕적

절제를 내면화한다.

⑦ 주체성: 사회적 실천 글쓰기는 대리 발화나 집단의 목소리를 단순히 반복하지 않고, 스스로의 관점과 가치 판단에 기반하여 자신의 목소리를 낸다. 이러한 글쓰기는 시민의 비판적 사고와 자율적 판단을 전제로 한다.

⑧ 목적성: 사회적 실천 글쓰기는 사회 문제를 단순히 고발하거나 제기하는 데 머물지 않고, 사회 변화를 구체적인 목표로 삼는다. 글쓰기를 통해 문제의식이 실천으로 이어지는 과정 자체를 중시한다.

⑨ 소통성: 사회적 실천 글쓰기는 일방적 주장을 펼치는 행위나 폐쇄적 언어 소통이 아니라, 대화를 전제로 한 열린 담론의 실천 행위다. 나와 다른 반대 의견까지 포용하는 대화적 언어를 지향하여, 타인과의 상호 이해를 통해 사회적 합의를 도모한다.

이상의 아홉 가지 사회적 실천 글쓰기의 속성은 '글을 잘 쓰는 법'이 아니라, '책임 있게 쓰는 법'을 지향한다. 글쓰기는 시민이 언어를 통해 민주주의를 유지할 수 있게 하는 기술이자 윤리적 실천으로서 공동체에 기여할 기회를 마련한다.

참고문헌

우현정(2018). 비판적 시민성과 시민사회 교육: 사회·문화 교육과정을 중심으로. 한국교원대학교 박사학위논문.

유재봉(2004). 사회적 실제와 교육. 강영혜 외(2004). 『현대사회와 교육의 이해: 교육철학의 최근 동향 (개정판)』. 교육과학사.

장원순(2003). 한국사회과교육에서 시민의 실천 문제와 과제. ≪시민교육연구≫, 35권 2호, 181~200.

홍은숙(2004). 무기력한 지식교육의 대안: "사회적 실제"에의 입문으로서의 교육. 강영혜 외(2004). 『현대사회와 교육의 이해: 교육철학의 최근 동향(개정판)』. 교육과학사.

Barton, D.(1994). *Literacy: An Introduction to the Ecology of Written Language*. Oxford: Blackwell Publishers. 김영란 외 옮김(2014). 『문식성: 문자 언어 생태학 개론』. 연세대학교 대학출판문화원.

Janks, H.(2009). Literacy and Power. Routledge. 장은영 외 옮김(2019), 『리터러시와 권력』. 사회평론아카데미.

Larson, J. & Marsh, J.(2015). *Making Literacy Real: Theories and Practices for Learning and Teaching(Second Edition)*. London: SAGE. Publications Ltd.

04

담론으로서 사회적 실천 글쓰기

사회적 실천 글쓰기는 언어를 통해 사회 현실을 재구성하고, 지배 담론 속에 내재한 권력과 이데올로기를 비판적으로 드러내는 문식 실천 행위다. 글쓰기는 개인의 표현을 넘어 사회적 의미를 생산하는 담론으로 기능하며, 필자는 이를 통해 자신이 속한 공동체의 가치와 정체성을 드러내게 된다. 따라서 사회적 실천 글쓰기에서 담론은 비판적으로 해석해야 할 대상이면서 사회 참여를 촉진하는 실천적 도구로 작용한다.

담론과 권력, 이데올로기

사회적 실천 글쓰기에서 다루는 사회 문제들은 대체로 사회적 공론화를 거쳐 형성된 담론들로, 그 속에는 사회의 이데올로기와 헤게모니, 권력관계가 내재되어 있다.

담론은 다양한 대상과 도구, 테크놀로지를 활용해 다른 사람과 함께 행동하고, 상호작용하고, 가치를 판단하며, 느끼고, 입고, 생각하고, 믿는 것들이 말하기/듣기, 읽기/쓰기의 특정한 방식으로 조직되어 나타난다(Gee, 2019:250). 즉, 담론은 사회적으로 구성된 관습에 의한 것으로, 그것을 사용하는 공동체의 독특한 사회 활동이나 삶의 방식에 근거를 두고 있다(최인자, 2001:207).

또 담론에는 흑인이나 백인, 여성 혹은 남성, 노동자와 전문직 등 사회적으로 인식될 수 있는 특정 활동과 관련된 사회적 정체성이 드러난다. 이를 사회적 실천 글쓰기에 적용하자면 필자는 자신이 소속된 담화 공동체의 말하기 방식으로 소통하면서 자신의 정체성을 드러내게 된다. 우리가 관공서에서 업무를 볼 때와 어린아이에게 인사할 때, 자녀를 훈계할 때, 각각 상황에 맞는 사회적 정체성을 갖추고 말하기 방식을 취하듯이 글쓰기에서도 자신의 여러 정체성 중 상황에 맞는 필자의 정체성을 선택하여 쓰기 방식을 취하게 되는 것이다.

사회적 실천 글쓰기는 기존의 지배 담론 속에 은폐된 권력 구조와 이데올로기를 들춰내기 위해 그에 대응하는 새로운 담론을 형성하는 글쓰기다. 지배 담론을 전복하기 위해서는 글쓰기 과정에서 필자가 어떤 사회적 정체성을 지니고 있으며, 어떠한 사회적 상황 속에서 무엇을 말하고자 하는지를 설득력 있게 밝혀야 한다. 이러한 글쓰기에는 '지금, 여기'의 구체적 삶의 맥락에서 새로운 담론을 생산하거나 기존 담론에 비판적으로 응답하는 다양한 관점이 담겨 있다.

담론과 권력의 관계에 주목한 푸코(Michel Foucault)는 고고학과 계보학을 연구 방법으로 삼아, 시대별로 지식 체계를 기반으로 권력이 작동하는 방식이 물리적 억압에서 담론을 통한 생산적 방식으로 전환되어 왔음을 지적했다. 그는 담론 연구를 통해 지배 담론 속에 교묘히 구현되는 권력의 이데올로기성을 구체적으로 밝혀내고 이를 해체하고자 했다.

푸코가 담론에서 파생되는 지식을 중시하고 그 지식이 형성하는 권력 구조에 주목하였다면, 페어클러프(Norman Fairclough)는 담론에서 파생되는 권력 자체에 초점을 두어 그 권력이 담론을 통해 어떻게 만들어지고 은폐되는지에 주목했다(정희모, 2017:166). 페어클러프는 하나의 담론 속에 드러나는 사회 구조와 권력 투쟁의 양상들을 살펴 사회적 구조나 체계의 문제를 밝히려 했다.

담론에 내재된 권력과 이데올로기를 간파하기 위해서는 해당 담론을 둘러싼 사회문화적 맥락을 이해하고, 비판적 리터러시를 바탕으로 담론을 올바르게 진단해야 한다. 비판적 리터러시는 담론 속의 사회적 이해관계가 어떤 방식으로 작동하는지를 밝혀내고 언어적 수행과 사회적 실천의 과정에서 무엇이 지배되고 무엇을 배제하는지 알 수 있게 한다(Janks, 2009/2019:46).

사회적 실천 글쓰기에서 필자는 자신의 목소리를 입힌 새로운 담론을 생산하여 사회적 이익을 독점하는 지배 담론을 해체하면서 사회를 변화시키고자 하는 자신의 신념을 전파할 수 있다. 이러한 글쓰기는 사회 변혁을 위한 작은 출발점이 된다.

사회적 실천 글쓰기의 담론 사례

사회적 실천 글쓰기의 실제 사례에서 찾아볼 수 있는 사회적 담론들은 다양하다.

2016년 최순실 국정농단 사태를 발생시킨 최순실의 딸 정유라의 입시 비리 문제를 제기하며 시작된 속칭 '이대 대자보'는 다양한 사회 · 정치적 담론들과 연관되어 있다. 이

화여대 학생들은 학내 문제를 논의하던 과정에서 총장 사퇴를 요구하게 되었고 그 와중에 입시 비리 담론이 형성되었다. 학생들은 학과 교수들의 비리와 학점 특혜 의혹을 여러 대자보를 통해 폭로하였으며, 이러한 담론은 학내 갈등을 넘어 사회적 공분을 불러일으켜 결국 대통령 탄핵이라는 거대 담론으로 확장되었다.

2008년, '안단테'라는 필명의 고등학생은 포털 사이트 다음의 〈아고라 토론방 게시판〉에 '이명박 대통령 탄핵' 서명 운동을 제안했다. 안단테가 주목한 사회적 담론은 당시 대통령의 선거 공약이었던 '영어 몰입 교육'과 '자사고 추진 계획'이었다. 안단테는 이러한 지배 담론에 '공교육 붕괴 위기'라는 대항 담론을 제기했다. 선거 공약이 교육 평등권을 해치는 상위계층을 위한 정책이지 국민을 위한 정책이 아니라는 문제의식에서 발로된 것이다. 이후 정부의 '4.15 학교 자율화 조치' 발표와 '미국산 소고기 수입 타결' 소식이 맞물리면서 두 문제 상황의 가장 직접적인 피해자는 학생들이라는 인식이 공유되었다. 중고등학생들로 구성된 사회 공동체는 '대한민국의 중고등학생'이라는 사회적 정체성을 형성하였고 이후 '미국산 소고기 수입 반대'라는 담론을 공론화하는 장에서 적극적인 참여 주체로 등장했다.

우리 사회에서 국민들의 높은 관심 속에 사회적 담론이 가장 활발하게 형성되고 논의된 온라인 공론장은 청와대 국민청원이라 할 수 있다. 청와대 국민청원은 2017년부터 2020년까지 청와대 홈페이지 게시판에서 열린 온라인 공론장으로, 정치개혁, 외교 · 통일, 일자리, 미래, 성장동력, 농산어촌, 보건복지, 육아 · 교육, 안전 · 환경, 저출산 · 고령화 대책, 행정, 반려동물, 교통 · 건축 · 국토, 경제민주화, 인권 · 성평등, 문화 · 예술 · 체육 · 언론, 기타 등 17가지 카테고리로 분류되어 사회 전반의 다양한 문제를 수용했다(오희영 · 하병학, 2021:148). 청와대 국민청원에 게시된 수많은 담론 중에는 국민적 관심과 사회적 파장을 불러일으키며 중복 청원이 거듭 제기된 사건들이 있다. 그 중에서도 대표적인 사례는 소년법 폐지, '강서구 pc방 사건', 소방 공무원 국가직 전환, 조두순 사건, 트라이애슬론 최숙현 선수 사망 사건, 버닝썬 사건, 텔레그램 n번방 사건 등이다. 이러한 사건들은 사회적 논의를 촉발하며 중복 청원으로 재생산되었고 문제의 심각성이 확대될수록 새로운 여론 형성과 사회적 의제가 국민청원을 통해 반영되었다.

참고문헌

오희영·하병학(2021). 국민청원, 소환과 참여의 수사학. ≪수사학≫, 40권, 141~172.

정희모(2017). 비판적 담화 분석의 문제점과 국어교육에의 적용. ≪작문연구≫, 35권, 161~194.

최인자(2001). 문식성 교육의 사회·문화적 접근. ≪국어교육연구≫, 8권, 191~220.

Gee, J. P.(1990). *Social Linguistics and Literacies: Ideology in Discourses.* London: Falmer Press. 김영란 외 옮김(2019). 『사회언어학과 서로 다른 리터러시: 담론과 이데올로기』. 사회평론아카데미.

Janks, H.(2009). *Literacy and Power.* Routledge. 장은영 외 옮김(2019). 『리터러시와 권력』. 사회평론아카데미.

05

사회적 실천 글쓰기의 과정

사회적 실천 글쓰기는 글의 목적에 따라 논증적 · 설득적 · 서사적 글쓰기 등 다양한 유형이 적용될 수 있으나, 거시적으로는 문제 해결적 글쓰기가 중심이 된다. 이에 따라 사회적 실천 글쓰기의 과정은 문제를 발견하는 단계에서 시작하여 해결 방안을 제시하는 과정으로 설명할 수 있다. 이러한 글쓰기 과정에는 정의로운 사회를 지향하는 필자의 신념과 태도가 글쓰기 과정 전체에 반영되어야 한다. 이는 사회적 실천 글쓰기는 글의 완성도보다 문제 인식과 해결 의지, 즉 글쓰기의 목적을 중시하는 접근 방식에 기반하기 때문이다.

문제 발견하기

사회적 실천 글쓰기는 기존의 지배 담론에 대응하는 새로운 담론을 형성하는 것이라 할 수 있다. 이를 위해서는 일상의 여러 장면 속에서 무엇이 문제인지를 우선 알아차릴 수 있어야 한다. 사회적 실천 글쓰기의 출발점은 표면적으로 드러나지 않은 문제를 발견하고 그것이 어떤 성격의 문제인지를 규정하는 데 있다. 이는 일반적 글쓰기의 첫 번째 단계인 글감 찾기에 해당한다.

사람들은 대부분 자신의 삶을 기준으로 세상을 바라보려 하기 때문에 자신과 직접적으로 관련이 없는 문제 상황을 포착하는 것은 쉽지 않다. 일상생활 속의 문제는 애정을 갖고 주변에서 벌어지는 사소한 현상이나 사실을 주의 깊게 관찰해야 비로소 발견할 수 있다. 우리는 익숙한 것을 당연한 것으로 여기는 습성이 있어 문제를 목도하더라도 그것을 문제시하지 못하고 간과하는 경우가 많다. 익숙함 속에 은폐된 의미를 발견하기 위해서는 당연한 것들에 질문을 던지고 그것에 대해 나는 어떤 판단을 내릴 수 있는지 숙고해야 한다.

〈안녕들 하십니까?〉 대자보(안녕하지 못한 사람들, 2014 참조)는 2013년에 발생한 철도 민영화라는 사회 문제를 포착한 사례다. 이 대자보는 철도 민영화가 사회의 일부에서만 문제로 논의되는 현실을 직시하고 다른 사람들이 안녕하지 않을 때 자신만 안녕하면 그것이 진정한 안녕이냐는 물음을 던졌다. 다양한 사회 문제가 일상에 만연한 환경에서 그런 문제 상황을 인지하기도 하지만 대부분 외면하고 살아가는 세태를 지적한 것이다. 이 대자보는 철도 민영화 문제를 직업적 관점이나 경제 정책의 일환으로만 보지 않고 '지금 나는 잘 살고 있는가', '잘 산다는 것은 무엇인가'와 같은 성찰적 자세로 바라봄으로써 해당 문제를 발견할 수 있었다. 이처럼 나의 시선과 관심을 끄는 그 무엇인가가 불합리하거나, 공정하지 않거나, 거짓의 가면을 쓰고 있다는 판단이 내려지면 그것은 사회적 실천 글쓰기의 글감으로 적절한 문제 상황이라 할 수 있다.

문제 인식하기

문제가 발견되면 그 문제가 무엇인지 인식하고 자신의 관점을 정하여 언어로 규정할 수 있어야 한다. 그래야 그 문제를 해결할 수 있는 구체적인 방안도 모색할 수 있기 때문이다. 문제를 정확히 인식하기 위해서는 상식을 뒤집어 생각해 보기, 고정 관념에서 벗어나 관점을 달리하기, 현상을 확대해 보기, 사물이나 현상의 이면 바라보기, 비판적으로 바라보기 등의 전략을 사용할 수 있다(가톨릭대학교 교양교육원, 2007:116). 특히 비판적으로 바라보기는 사회적 실천 글쓰기를 수행하기 위해 다른 전략들보다 우선해야 하는 것이다. 비판적 사고는 문제에 숨겨진 특별한 의도나 목적과 관련된 이데올로기, 권력, 사회적 불평등 등을 밝혀내는 중요한 도구이기 때문이다.

〈김예슬 대학 거부 선언〉 대자보(김예슬, 2010 참조)는 우리 사회의 교육 문제를 대학 교육만의 문제가 아니라, 교육을 둘러싼 한국 사회의 지배적 구조 문제로 인식하여 문제를 제기했다. 오래전부터 교육 문제는 한국 사회의 고질적 문제 중 하나로 지목되어 왔지만 위 대자보에서는 특히 신자유주의 논리가 대학 사회를 지배하게 된 현실을 지적하고 있다. 이에 대학은 기업의 하청업체가 되어 '자격증 장사 브로커'가 되어 버렸고, 학생은 이마에 바코드가 새겨진 '부품'으로 전락했다고 주장한다. 이는 한정된 취업에 경쟁 구도를 만드는 기업 문화가 학교 교육에도 반영되어 수많은 교육 문제를 발생시켰다는 문제 인식에서 비롯된 것이다(오희영, 2023:109).

이처럼 일상적인 것에서 새롭게 문제를 인식하는 것은 단지 문제를 발견하는 것을 넘어 이것이 왜 문제인가를 깊이 성찰하는 가운데 그 문제를 해결하기 위한 실천적 방향을 모색할 수 있게 한다.

문제 규정하기

문제 규정하기는 문제를 발견하고 그것이 문제적이라고 인식한 이후, 필자가 생성할 새로운 담론의 주제를 선정하는 단계다. 글의 주제는 참신한 것보다는 필자가 감당할 수 있는 수준에서 구체적이고 문제의 핵심을 간파하는 것이어야 한다. 또 다른 사람의 관심과 흥미를 유발할 수 있는 주제를 선정하는 것이 좋다(가톨릭대학교 교양교육원, 2007:120). 만약 그렇지 않은 주제를 선정하게 된다면 독자의 흥미를 유도하기 위한 특별한 전략을 고민해야 한다.

〈안녕들 하십니까?〉 대자보는 철도 민영화 문제를 다루면서 '사회의 안녕이 없으면 개인의 안녕도 없다'는 주제를 선정하여 사회적 문제를 외면한 채 개인의 삶만을 살아가는 세상 사람들의 안부를 묻는 형식으로 많은 호응을 얻었다. 우리가 일반적으로 사용하는 '안녕하십니까?'라는 인사말을 "안녕들 하십니까"로 바꿈으로써 단수 의미의 '안녕'과 복수 의미의 '안녕들'이 지닌 함의를 새롭게 하면서 철도 민영화 문제를 일부의 문제가 아니라 사회 구성원 모두가 함께 고민해야 할 공적 문제로 규정하고 있다.

또 〈김예슬 대학 거부 선언〉 대자보는 '대학 교육의 본질적 문제'를 글감으로 하면서 '큰 배움도 진리도 없는 대학을 그만두고 진정한 삶의 목적을 찾는다'는 주제를 선정했다. 이 대자보의 원제목은 "오늘 나는 대학을 그만둔다. 아니, 거부한다"이다. 우리 사회의 교육 문제는 하나의 거대한 권력으로 작동하고 있어 개인이 감히 저항할 수 있는 문제로 규정하기 쉽지 않다. 이 대자보는 '자퇴'라는 통상적 표현 대신 '거부'라는 저항의 언어를 사용함으로써 기존의 순응적 사고방식을 전복하고 기득권 구조에 맞선 개인의 선택을 주체적 저항으로 재구성했다. 이러한 문제 규정하기는 '대학 자퇴 선언'이라는 단순한 사실 전달을 넘어 사회 각계에 신선한 충격을 주며 강한 공감과 반향을 불러일으켰다.

이렇듯 문제 규정하기는 필자가 인식하는 문제를 보다 명확하게 초점화하고 독자를 설득하기 위한 다양한 쓰기 전략을 모색하는 과정으로 이어진다.

문제 해결 모색하기

문제 해결 모색하기는 사회적 실천 글쓰기에서 필자가 문제를 해결하기 위해 필요한 자료를 수집하고 글쓰기에 도움이 되는 자료를 선별하여 분석하는 단계다. 이 단계에서 우선 고려해야 하는 것은 신뢰할 수 있는 사실을 바탕으로 한 정보 수집이다. 사회적 실천 글쓰기에서는 사회 문제를 다루면서 그 문제를 해결하기 위해 구체적인 자신의 해결 방안을 제시하는 글을 쓴다. 특히 사회 문제는 정책이나 법률, 행정 절차 등 전문성을 필요로 하는 것들이 많다. 이러한 문제를 다루기 위해서는 문제 상황을 정확히 진단하고 객관적으로 분석하여 사실에 기반한 근거를 앞세워 주장을 제기해야 한다.

청와대 국민청원 중 2020년 8월 28일 게시된 '공공의대 정책 반대' 청원은 정책 철회 주장에 대한 여섯 가지 근거를 제시하고 있지만 객관적 자료 수집을 기반으로 작성된 글이 아니었다. 의사 증원 수와 설립 지역 문제, 정책 발표 시기, 인원 선발 방식 등에 대해 사실 확인을 거치지 않고 일방적인 주장을 펼쳤고, 공공의대에 대한 이해, 의료의 공적 특성에 대한 인식 등에서는 합리성이 결여된 주장을 했다(오희영, 2023:142). 이 글은 비록 많은 사람의 동의를 얻었지만, 허위 정보를 제공하여 독자를 오도하게 만든 것은 필자가 지녀야 할 올바른 태도라 할 수 없다. 사회적 실천 글쓰기에서는 무엇보다 공공성과 책임 의식, 윤리를 중시하기 때문이다.

해결 방안 제시하기

사회적 실천 글쓰기 과정에서 해결 방안 제시하기 단계는 새로운 담론을 구성하여 본격적으로 글을 쓰는 단계에 해당한다. 글쓰기 단계에서는 글의 구성을 어떻게 할 것인지 고민해야 한다. 사회적 실천 글쓰기에서 구성은 3단 구성이나 4단 구성 같은 전형적 구조에 얽매이지 않고 글의 흐름에 맞게 전개하는 것이 좋다. 글의 구성은 고정된 틀이 아니라 글의 추진력이나 글을 만들어 가는 과정으로 보는 것이 적절하다(정희모 · 이재성, 2005:119). 특히 사회적 실천 글쓰기에서는 논리적 흐름을 통해 글의 목적을 효과적으로 실현하는 것이 무엇보다 중요하다.

사회적 실천 글쓰기에서는 구체적인 해결 방안을 제시하지 않더라도 문제의 원인을 분석하고 현황을 드러내는 것만으로도 충분한 효과를 발휘하는 경우가 많다. 이때 문제 해결에 동참할지는 독자의 판단과 선택에 맡겨진다.

〈안녕들 하십니까?〉 대자보에 대해서는 철도 민영화 문제 외에 노동자 파업, 불법 선거 개입 문제, 밀양 송전탑 문제, 비정규직 강사 문제 등 우리 사회의 다양한 문제들에 대한 공론화가 응답으로 돌아왔고, 〈김예슬 대학 거부 선언〉 대자보는 또 다른 대학 자퇴 선언들이 후속 반응으로 이어졌다.

참고문헌

가톨릭대학교 교양교육원(2007). 『분석과 비판의 기초- 읽기와 쓰기』. 가톨릭대학교출판부.

공공의대 정책의 완전한 철회를 청원합니다. https://blog.naver.com/apel2/222076075135

김예슬(2010). 『오늘 나는 대학을 그만둔다, 아니 거부한다』. 느린걸음.

안녕하지 못한 사람들(2014). 『안녕들 하십니까-한국 사회를 뒤흔든 대자보들』. 오월의봄.

오희영(2023). 민주시민의 사회적 실천으로서 글쓰기에 대한 수사학적 연구. 가톨릭대학교 박사학위논문.

정희모·이재성(2005). 『글쓰기의 전략』. 들녘.

06

사회적 실천 글쓰기의 수사적 전략

사회적 실천 글쓰기는 공공선을 추구하는 공적 담론의 장에서 독자의 관심을 끌면서 타당한 근거를 바탕으로 설득할 수 있어야 한다. 이러한 글쓰기에는 수사적 전략을 적용하여 에토스, 파토스, 로고스에 기반한 설득 기술과 발상, 배열, 표현의 수사적 요소들을 적절히 활용하는 것이 효과적이다. 이러한 글쓰기 전략을 통해 필자는 독자의 신뢰를 확보하고 감정과 이성을 아우르는 설득 담론을 형성할 수 있다.

사회적 실천 글쓰기는 담론의 성격에 따라 특정의 독자를 겨냥할 수도 있지만 대부분 공동체 구성원 전체를 대상으로 문제에 대한 필자의 관점과 해결 방안을 제시하고 참여를 호소한다. 이러한 성격을 지닌 일반적 글쓰기 유형에는 설득적, 논증적, 설명적, 문제 해결적, 자기 서사적, 표현적 글쓰기가 있다. 이들 글쓰기 유형에는 수사적 글쓰기 전략을 공통으로 적용하여 담론 형성과 독자의 참여를 효과적으로 유도할 수 있다.

수사학은 국어사전에서 "말이나 문장을 꾸며서 보다 묘하고 아름답게 하는 일"로 정의하고 있듯이 기교적 표현에 치중한 학문이라는 편견을 받아 왔다(하병학, 2004:352). 그러나 수사학은 아리스토텔레스 시대 이전부터 전통적인 설득의 기술로 주요하게 다루어져 왔고, 서구 교육 시스템에서는 교양인이 갖추어야 할 필수 소양으로 인식되어 현대의 신수사학에 이르기까지 글쓰기 교육의 중요한 축을 이루고 있다. 이처럼 수사학이 언어 활동의 주요한 기술로 오랫동안 인정받아 온 이유는 수사학적 기법들이 시대를 초월해 폭넓게 활용되었고, 그 효과가 지속적으로 검증되었기 때문이다.

아리스토텔레스는 효과적인 설득 전략으로 에토스, 파토스, 로고스를 제안했다.

설득의 세 가지 기술

에토스

에토스는 글쓰기에서 필자가 갖추어야 할 덕목으로 실천적 지혜나 정직, 덕, 선의 등을 말한다. 공동체 간의 갈등이 깊은 우리 사회의 공적 담론에서 다른 사람과 소통하고 청중을 설득하고자 하는 화자(필자)는 청중(독자)의 신뢰를 받기 위해 어떠한 덕목을 갖추어야 하는지를 생각해 보아야 한다(하병학, 2018:117). 따라서 화자는 자신이 청중에게 어떤 사람으로 보일 것인지를 미리 구상해야 한다(Borchers, 2006/2007:64). 특히 공적 문제에 대해 첨예한 갈등이 있을 때 상반된 입장의 필자들은 모두 자신이 공공선을 추구하고 있음을 에토스로 드러내고자 한다. 도덕적 판단이 개입되는 문제일수록 누가 어떤 태도로 말하는가에 따라 설득의 차이가 발생한다.

사회 실천적 글쓰기에서도 에토스의 중요성은 그대로 적용된다. 공공선을 추구하는 사회 실천의 문제는 경제 논리만으로 해결할 수 없는 가치를 다루는 문제가 많다. 예를 들어 귀천을 따질 수 없는 생명의 존엄성과 같은 문제는 객관적 통계 자료를 제시하며 비합리적이라 주장한다 해도 독자들의 동의를 쉽게 구하기 어렵다. 이때 필요한 것은 무엇보다 필자의 진정성 있는 에토스, 즉 글을 통해 드러나는 필자의 윤리적 태도와 책임감이다.

파토스

파토스는 독자의 감정에 호소하는 설득 전략이다. 필자는 독자와 공감적 소통을 하기 위해 독자의 감정에 어떻게 접근해야 하는지 살펴야 한다. 아리스토텔레스는 말하는 사람이 파토스를 효과적으로 활용하려면 자신의 청중에 대해 잘 알아야 한다고 했다. 특히 청중의 '정서'를 이해해야 하는데, 청중의 마음 상태가 어떠한지, 누구를 향한 정서인지, 그렇게 느끼는 이유는 무엇인지에 대해 알지 못하면 청중과 연결될 수 없다고 강조했다(Borchers, 2006/2007:64).

우리는 논리적으로는 동의 여부를 판단하기 어려운 상황에서도 감정적으로 설득되는 경험을 종종 겪게 된다. 설득이 차갑고 추상적인 논증을 통해서만 이루어지는 것이 아니라는 것은 청자와의 소통에서 간과해서는 안 될 중요한 부분이다(박성창, 2000:50). 앞서 언급한 가치의 문제는 객관적 이성의 관점인 로고스적으로 접근하기보다는 독자와의 공감대 형성과 감성에 호소함으로써 설득력을 높일 수 있다. 사회적 실천의 영역은 개인의 사익이 아닌 양심, 선의, 행복, 정의, 존엄, 희생, 배려, 평등 등의 공공선과 관련된다. 이러한 공공선은 우리의 생활 세계 속의 우선순위에서 밀려난 것들이기도 하다. 이런 것들이 지닌 가치를 회복시키기 위해서는 무엇보다 필자가 자신의 감정을 진정성 있게 표출하는 것이 중요하다. 필자의 감정이 진솔할 때 독자는 글에 감정이입을 할 수 있고 궁극적으로 공감에 도달할 수 있게 된다. 진심을 가장한 거짓 감정은 독자들을 호도할 수도 있지만 예민한 독자들에게 언제든지 간파될 수 있음을 잊어서는 안 된다.

로고스

로고스는 논리적인 추론과 변증법, 예증 등의 논증 방식을 통해 독자의 이성에 호소하는 설득 전략이다. 사회적 실천 글쓰기에서는 로고스를 통해 담론에 내재된 이데올로기와 그 권력관계가 사회에 미치는 영향력을 좀 더 개연성 있게 밝힐 수 있다.

공적 담론에서 설득 전략으로 파토스에 지나치게 의지하는 것은 오히려 부정적인 반응을 초래할 위험이 있다. 개인과 공동체 간의 갈등이 발생한 상황에서 공동체의 정의 실현을 위해 참여를 호소하더라도 개인이 자신의 이익을 추구하려는 욕구는 인지상정의 자연스러운 성향이기 때문이다. 따라서 개인과 공동체 간의 갈등을 해결하기 위해서는 로고스에 기반한 접근을 통해 논리적이고 합리적인 근거를 먼저 제시하여 문제 해결의 정당성을 확보하여야 한다.

아무리 공공선과 관련한 문제라 하더라도 필자의 주장을 수용할 것을 강요하거나, 받아들이지 않는 것을 비난하거나, 공동체 구성원에서 배제할 것을 염두에 두는 태도는 오히려 사회적 갈등을 심화할 수 있다. 문제의 사안이 중대할수록, 독자의 범위가 넓을수록, 모두를 납득시킬 수 있는 로고스가 기본적 설득 요소로 작용해야 할 것이다. 논리적 타당성이 뒷받침된 담론은 다소 편파적으로 보일 수 있는 주장이라 하더라도 가치중립적이고 정당한 것으로 인식하게 만드는 설득력을 실어 준다.

수사적 글쓰기 전략

아리스토텔레스가 정립한 수사적 글쓰기 전략에는 '발상(Inventio)', '배열(Dispositio)', '표현(Elocutio)', '암기(Memoria)', '연기(Actio)' 다섯 가지 기술이 포함된다. 이 중 '암기'와 '연기'는 구술 문화의 영향에 의한 것으로 글쓰기와 관련성이 적어 논의에서 제외한다.

발상

발상은 담론의 장인 토포스에서 논거를 찾아내는 것을 말한다. 사회적 실천 글쓰기에서는 독자를 대상으로 주장하고자 하는 논제를 설정하는 것과 관련된다(오희영, 2023:83).

아리스토텔레스는 담론을 심의용 연설, 법정 연설, 과시용 연설로 구분했다(Aristotle, 2019:41). 사회적 실천 글쓰기의 유형에 속하는 상소문, 대자보, 국민 청원 글들은 대부분 심의용 연설에 해당하고, 숨겨진 사건 고발과 관련한 내용은 법정 연설에, 사망 사건과 관련한 추모의 글들은 과시용 연설에 해당한다. '발상'에서는 담론이 발생한 수사적 상황을 이해하고 공론의 장인 토포스에서 논거를 찾아낸 후, 청중을 설득하기 위한 전략을 통해 청중의 마음을 변화시킬 방법을 모색해야 한다. 이러한 설득 전략은 에토스, 로고스, 파토스에 기반한다.

하버마스(Jürgen Harbermas)는 공론장에서 돈과 권력이 지배하는 체계에 식민지화된 생활 세계는 민주주의에 위해가 된다고 했다(Borchers, 2006/2007:254). 민주주의 발전에 기여하기 위한 공론장의 역할은 사회의 중요한 이슈들을 논의하고, 정부의 정책 결정에 영향을 미치며, 관제 언론의 권력 남용을 견제하는 것에 있다. 따라서 공론장에서 논의되는 담론의 내용을 파악하고, 숨겨진 권력과 이데올로기를 놓치지 말고 찾아내는 일이 발상 단계에서 이루어져야 한다.

배열

배열은 말하고자 하는 내용, 소재, 근거 등을 글의 어느 위치에 배치할 것인가와 관련된다. 즉, 글의 전체적인 구성 방식을 의미한다. 사회적 실천 글쓰기는 독자들이 어느 지점에서 관심과 공감을 갖게 되는지를 판단하여 두괄식이나 미괄식, 3단 구성이나 4단 구성 등 다양한 방식으로 전개될 수 있다.

아리스토텔레스는 배열을 '머리말-진술부-논증부-맺음말'의 구조로 제시했다(박성창, 2000:78). 머리말은 독자의 주의를 집중시키는 단계로, 주로 파토스를 활용해 독자의 동정이나 공감을 이끌어 내는 수사 전략이 사용된다. 진술부에서는 문제 상황이나 사안을 사실적으로 제시하거나 재구성하여 글의 기초를 마련한다. 논증부에는 자신의 주장에 대한 근거를 제시하고, 상대의 논거를 반박하거나 자신의 주장을 확증하는 논리적 설득이 이루어진다. 맺음말에는 주장에 대한 설득력을 극대화하기 위해 다시 한번 청중의 파토스에 호소하는 전략이 활용된다. 여기에서는 수사적 맥락에 따라 청중의 연민을 자극하거나 분노를 촉발하는 방식이 동원될 수 있으며, 이를 통해 설득 효과를 한층 강화할 수 있다.

표현

표현은 문체(style)나 문채(figure)를 활용하여 말하고자 하는 바를 어떻게 드러내는가와 관련된다. 이러한 표현에 의해 논증이 강화되기도 하고 독자의 공감을 더 많이 얻어낼 수도 있다. 특히 표현은 설득의 3요소 중 에토스나 파토스에 기반하여 나타나는 경우가 많다. 독자를 설득하는 전략은 독자가 필자의 인격에서 신뢰나 선의를 파악할 수 있는 요인이나, 공감할 수 있는 정서적 요인이 주요하게 작용하여 결국 표현법이 어떠한지에 따라 독자의 수용 방식이 달라진다. 이렇듯 설득이나 주장하는 글은 이성에 근거한 논리적 표현이 중심이 되긴 하지만, 표현법의 사용으로 확립된 담론의 뼈대에 살을 붙이고 담론을 구체적으로 가시화하여 문장의 의미를 더욱 풍성하게 만들 수 있다(박성창, 2000:82).

수사학에서 표현은 문장을 꾸미는 장식적인 의미보다 전달하려는 주제와 내용을 독자가 명확히 이해하도록 돕는 기능적인 측면에서 더욱 중요하다. 예를 들어 필자의 확고한 의지를 나타내고 싶다면 단문 위주의 간결체로 단

호한 언어를 사용하고, 감정에 호소하는 전략을 취할 때는 화려하고 서정적인 문체를 사용하는 것이 효과적일 수 있다.

미학적인 관점에서 문채의 장식성을 살리는 것은 담론에 다양한 아름다움을 부여한다는 점에서 의미가 있다. 문장의 뜻을 강조하기 위해 전치법이나 아이러니 같은 기법을 사용하거나, 운율이나 리듬을 실어 문장의 형태를 변화시킬 수도 있다.

이처럼 담론의 주제나 독자에 따라 적절한 표현법을 사용하는 것은 글의 목적을 달성하기 위해 간과할 수 없는 중요한 요소다. 사회적 실천 글쓰기는 각자의 입장에 따라 주제에 대한 독자의 선호가 나뉠 수 있고, 독자의 범위 또한 매우 넓다. 따라서 보편 청중을 대상으로 예민한 사안의 문제를 제기할 때 적절한 표현법을 사용하는 것은 문장에 힘을 실어 주고 설득력을 높이는 중요 쓰기 전략이 된다.

참고문헌

박성창(2000). 『수사학』. 문학과지성사.
오희영(2023). 민주시민의 사회적 실천으로서 글쓰기에 대한 수사학적 연구. 가톨릭대학교 박사학위논문.
하병학(2004). 보편 교양학으로서의 수사학 재정립 - 고전수사학과 현대 신수사학의 조명을 통하여. ≪철학탐구≫, 16권, 351~371.
하병학(2018). 에토스의 수사학. ≪철학탐구≫, 49권, 111~137.
Aristotle(ca. 4th century BCE). Rhetoric/Poetics. 천병희 옮김(2019). 『수사학/시학』. 숲.
Borchers, T.(2006). *Rhetorical theory*. Thomson/Wadsworth. 이희복 외 옮김(2007). 『수사학 이론』. 커뮤니케이션북스.

07

매체 환경 변화와 사회적 실천 글쓰기

사회적 실천 글쓰기는 매체 환경의 변화와 밀접하게 연결되어 있다. 인쇄 매체 중심의 시대에서 디지털 네트워크 환경으로의 전환은 글쓰기의 주체, 형식, 소통의 방식을 근본적으로 바꾸었다. 이제 글쓰기는 종이 위의 기록이 아니라, 다중이 참여하고 실시간으로 상호작용하는 네트워크적 담론 행위로 확장되었다. 사회적 실천 글쓰기는 매체의 기술적 속성과 사회문화적 맥락을 반영하여, 디지털 시대의 공론장을 형성하는 새로운 사회적 커뮤니케이션 형태로 자리매김하고 있다.

매체 환경의 변화

사회적 실천 글쓰기는 학문적 영역에 국한된 행위가 아니라, 실제 삶의 현장에서 사회문화적 맥락과 끊임없이 상호작용하며 수행되는 글쓰기다. 이러한 특성 때문에 사회적 실천 글쓰기는 다른 글쓰기 장르에 비해 매체 환경 변화의 영향을 더욱 직접적으로 받는다. 이러한 변화는 사회적 실천 글쓰기의 속성과 수행 방식을 근본적으로 재편했다.

21세기의 언어생활은 디지털 기술의 발전과 이를 활용한 매체의 확산으로 인해 기존의 음성 문화와 문자 문화 중심의 생활에서 벗어나, 복합적이고 광범위한 요소들을 포괄하는 다중 양상의 형태로 전환되었다. 온라인 쓰기 환경의 확산, 스마트 매체의 다양화, 대량의 정보를 신속하게 처리하는 기술의 발달로 인해 글쓰기는 단일 요인에 의해 수행되는 활동이 아니라 복합적 요인들이 상호작용하는 다층적 실천 행위가 되었다. 이러한 매체 환경의 변화는 글쓰기의 구성 요소가 더욱 다차원적으로 작용하도록 만드는 데 기여했다(이지원, 2016:213). 즉, 종이에서 컴퓨터로, 펜에서 키보드로, 페이지에서 스크린으로의 매체 전환은 단순한 도구의 변화에 그치지 않는다. 이는 활자 중심의 단일 양상 텍스트에서 다중 양상 텍스트로의 이행을 의미하며, 분할 스크린과 하이퍼텍스트 등의 디지털 기술을 기반으로 하는 다중 메시지 체계로의 전환을 의미하고 있다.

디지털 시대의 리터러시는 문식 행위가 일어나는 구체적 맥락과 그 과정에서 활용되는 디지털 기술의 유형에 따라 달라진다. 이러한 변화에 주목하는 개념이 바로 뉴리터러시(new literacies)다. 뉴리터러시는 전통적 리터러시 개념에 디지털 테크놀로지의 영향을 반영한 개념으로, 리터러시의 이해 범위를 단순히 읽기와 쓰기 능력에 한정하지 않고 사회문화적 맥락과 기술적 매체의 상호작용까지 포괄한다. 뉴리터러시의 개념은 전통적 리터러시보다 디지털 테크놀로지의 영향에 대한 관점의 차이가 더해져 더 복잡하고 다양한 요소들을 포괄하는 총체적 개념으로 확장되었다(방상호, 2017:8).

결국 매체 환경의 변화는 사회적 실천 글쓰기의 방식과 목적, 의미 구성의 원리를 근본적으로 재구성했다. 현대의 글쓰기는 더 이상 인쇄 매체 중심의 문자적 실천에 머물지 않으며, 다양한 매체적 요소와 사회문화적 맥락 속에서 의미를 구성하고 수행하는 복합적 실천으로 인식되고 있다.

디지털 기기 사용의 보편화로 누구든지 자신의 일상을 기록하거나 타인과 소통하기 위한 언어 활동이 쉽고 편리하게 행해지고 있다. 그러나 이것이 모든 디지털 기기 사용자들의 쓰기 능력을 향상해 본격적인 글쓰기 능력으로 효력이 발휘되는 것은 아니다. 일상의 삶 속에서 문자 메시지를 보내는 행위는 단지 음성 언어를 문자화하는 것일 뿐 사람들은 여전히 글쓰기에 어려움을 느끼고 있다. 반면 온라인 커뮤니티 활동이나 개인 블로그의 활성화, 소셜 미디어의 저변 확대 등으로 인해 온라인 문화에서 메시지를 전달한다는 의미 이상의 쓰기 능력이 요구된다는 인식이 확대되었다는 것은 고무적인 일이라 할 수 있다.

한 예로 인터넷 신문인 오마이뉴스의 시민기자들은 기사 작성 활동을 통해 초기에는 미숙했지만 지속적인 쓰기와 퇴고의 과정을 거치며 점차 글쓰기 역량을 향상하고 자신감을 축적하게 되었다고 한다. 시민기자들은 편집기자들과 상호 소통하며 기사 내용이 사실과 일치하는지, 논리적 전개가 적절한지, 비문이나 저작권 침해 가능성은 없는지 등을 꼼꼼하게 점검하며 기사의 완성도를 높여 갔다(오연호, 2013:6). 이처럼 디지털 매체 환경에서 글쓰기에 관심을 갖게 된 이들은 인쇄 매체 환경에서보다 더 자유롭게 소통하면서 '자신의 사는 이야기'에 한정되었던 주제에서 '세상 이야기'로 점차 관심사를 확대해 갔다. 그러면서 '좋은 글'이란 사회에서 '당연한 상식'으로 간주되는 것들을 문제화하는 글이며, 익숙한 현실을 비판적으로 성찰할 수 있어야 사회 변화를 추동할 수 있다는 결론에 이르게 되었다(강인규, 2013:107).

소통과 참여의 경험을 축적한 사람들은 디지털 매체를 단순한 친목 활동의 공간이 아니라 공적 담론 형성과 사회 참여를 위한 글쓰기 공간으로 활용하고 있다. 특히 소셜미디어를 통해 조직된 연대는 사회 문제를 공론화하고 집단적 실천을 촉발하는 중요한 동력이 되었다. 대표적으로 2002년 미군 장갑차 여중생 사망 사건에서부터 2025년 대통령 탄핵 요구 집회에 이르기까지 디지털 매체 기반의 공적 참여가 시민적 연대와 사회 변화를 견인한 다양한 사례를 확인할 수 있다.

디지털 기반 글쓰기의 부정적인 측면도 결코 간과해서는 안 된다. 다양한 온라인 게시판, 언론 매체, 개인 방송, 사회관계망서비스(SNS) 등을 통해 자신의 의견을 거침없이 제시하는 일부 사용자들이 조회 수, 팔로우 수와 결부된 상업성을 목적으로 허위 정보, 자극적이고 선정적인 표현, 인신공격적인 막말을 쏟아 내며 공론장에서 활개를 치는 폐해도 늘어나고 있다(오희영 · 하병학, 2021:142). 또 익명성이라는 가면 뒤에 숨은 비방과 욕설, 인신공격, 유언비어 배포 등 표현의 자유를 빙자해 소통을 방해하는 글들도 넘쳐난다. 2007년 시행된 인터넷 실명제로 악성 댓글의 비율이 감소하였다고 하지만, 아직도 유명인이나 일반인 중에서도 악의적인 댓글로 인해 정신적 고통을 호소하는 사람들이 많다. 그 외 맞춤법의 파괴, 비문, 구어체 표현 등은 전통적 글쓰기의 질서가 파괴되는 폐단으로 지적되기도 했다. 그러나 이러한 부정적 양상이 존재한다고 해서 디지털 기반 글쓰기의 급속한 확산을 막을 수는 없다. 현재 제도권 교육에서 이루어지고 있는 디지털 기반 글쓰기 교육은 이러한 시대적 변화를 수용하고 반영하려는 노력의 일환으로 이해할 수 있다.

새로운 공론장의 탄생

글쓰기를 통한 시민의 사회 참여는 문자의 대중화와 인쇄술의 발달을 통해 가능해졌다. 필사 중심의 독서 문화에서 인쇄술을 통한 책의 대량 생산과 보급으로의 전환은 인간과 지식, 인간과 사회, 앎과 삶의 관계를 근본적으로 변화시켰다(육영수, 2010:23).

15세기 후반 인쇄술이 확산된 유럽에서는 대중적 흥미를 겨냥한 소책자가 저렴한 가격으로 유통되면서 '길거리 여론'이 형성되기 시작했다. 이 과정에서 소수의 지식인 · 종교인 · 필경사에게만 허용되던 필자의 지위가 해체되고, 새로운 사회적 역할을 수행하는 전업 작가 집단이 등장했다. 샤르티에(Roger Chartier)는 프랑스 혁명의 기원을 계몽사상의 전파 자체에서 찾기보다, 살롱, 카페와 같은 자율적 공공 영역이 형성되고 그 안에서 창출된 여론이 구체제를 붕괴시키는 데 주요한 역할을 했다고 주장했다(육영수, 2010:79). 공론장의 시초가 된 길거리와 커피하우스 등에서 여론이 형성될 수 있었던 것은 독자에게 읽을거리를 제공한 필자들의 활발한 글쓰기 실천 덕분이었다. 즉 사회 변동의 출발점은 독자의 읽기 행위 이전에, 새로운 사상을 문식 실천으로 확산시킨 필자들의 쓰기 행위에 있었다고 볼 수 있다.

이처럼 인쇄 매체를 기반으로 형성된 근대의 공론장은 21세기 디지털 기술의 확산과 함께 새로운 형태의 공론장으로 전환되었다. 디지털 시대에 사회 참여가 활발해진 것은 시간과 공간의 제약이 사라지고, 익명성이 보장된 환경 속에서 지식과 정보, 의견을 자유롭게 교환하며 공공 의제를 논의할 수 있는 디지털 공적 영역이 형성되었기 때문이다. 예를 들어 사회적 의제를 중심으로 토론이 이루어지는 온라인 공간(예: 다음 아고라, 각 대학의 대나무숲), 취미 공동체로 출발하여 공적 이슈로 확장된 커뮤니티(예: 디시인사이드, 레몬테라스, MLBPARK), 그리고 정책 참여가 가능한 공식 플랫폼(예: 국민신문고)은 모두 시민들이 공공 의제에 대해 소통할 수 있는 디지털 공론장으로 기능했다(이삼형 외, 2018:21). 이러한 공간들에서 활발히 형성되는 사회적 여론은 새로운 문식 환경이 낳은 사회적 실천의 한 형태로 주목된다.

디지털 공론장은 단순한 담론의 장을 넘어 참여와 실천의 현실적 공간으로 작동되었다. 정치적 무관심층으로 간주되던 10대 청소년과 여성들은 2008년 미국산 쇠고기 수입 반대 운동에서 '촛불 세대'로 부상하며 시민 운동의 주체로 자리매김했다. 이들의 참여는 시위 문화를 비폭력적이고 축제적인 촛불문화제로 변화시켰고, 그 과정은 온라인을 통해 실시간으로 공유되며 빠르게 확산되었다.

또 2016년 구의역 스크린도어 사망 사고나 강남역 여성혐오 살인 사건 등의 사회적 참사 이후 시민들이 자발적으로 진행한 추모의 포스트잇 붙이기 운동은 온라인 소통이 오프라인 실천으로 이어진 대표적 사례라 할 수 있다. 이러한 현상은 디지털 환경에서 시민들이 자발적 의사소통과 사회적 행동을 결합하여 새로운 참여 문화를 창출하고 있음을 보여 준다. 특히 1인 미디어 형태인 온라인 시민 저널리즘은 사회 여론을 형성하는 공론장으로서 대안 언론적 역할을 하고 있다(오희영, 2023:100).

이와 같은 변화의 근간에는 디지털 기술의 보급과 수평

적 소통 문화의 확산이 자리한다. 디지털 시대의 문식 능력은 단순히 정보를 해독하거나 기술을 사용하는 수준을 넘어, 디지털 매체를 매개로 사회적 의사소통에 직접 참여하는 역량을 의미한다. 다시 말해 디지털 리터러시는 기호의 이해나 기술 숙달에 머물지 않고, 매체를 통한 사회적 실천 속에서 능동적으로 의미를 구성하는 역량으로 확장되고 있다. 디지털 매체를 다루는 가치 있는 방식은 세상에 개입하고 의미를 생산하는 다양한 실천 형식들과 상호작용함으로써 사회적 변화를 촉진하는 데 있다.

디지털 문식 환경은 누구나 평등하게 발언할 수 있는 자유(isegoria)와 무엇이든 두려움 없이 말할 수 있는 자유(parrhesia)를 가능하게 하는 사회문화적 기반을 조성했다(오희영, 2023:50). 고대 아테네의 '이세고리아'와 '파레시아'가 권력에 대한 두려움 없이 자유롭고 평등한 말하기를 전제한 것처럼, 현대의 디지털 공론장 또한 이러한 원리를 계승하고 있다. 따라서 오늘날의 디지털 공론장은 사회적 약자와 소외계층을 포함한 모든 시민이 권력에 대한 두려움 없이 공동체의 삶을 위한 담론 형성에 참여할 수 있는 새로운 형태의 공론장이라 할 수 있다.

종이 기반 글쓰기와 디지털 기반 글쓰기

전통적 종이 기반 글쓰기와 디지털 기반 글쓰기는 단순히 필기도구와 디지털 기술의 사용이라는 매체적 차이뿐만 아니라 독자와의 의사소통 방식에서도 뚜렷한 차이를 보인다.

종이 기반 글쓰기는 작성된 글이 발표된 이후에도 독자층이 비교적 협소하여 주변의 소수 인원에 한정될 가능성이 크다. 이에 비해 디지털 기반 글쓰기는 불특정 다수에게 즉각적으로 전파될 수 있는 속보성을 보인다. 또 온라인 공간에서의 독자는 종이 기반 글쓰기에 비할 수 없이 빠르게 반응하여 댓글에서 대댓글로 이어지기도 하는 등 즉각적인 반응을 실시간으로 공유한다. 이는 디지털 기반 글쓰기 필자가 글쓰기에서 가장 크게 의식하는 요소 중의 하나가 되었다. 그런 반면 디지털 기반 글쓰기의 특징 중 하나인 익명성은 필자에게 쓰기에 대한 부담감이나 경직성에서 벗어나 자유로운 글쓰기를 가능케 하는 요소가 되기도 한다. 반면 종이 기반 글쓰기에서 필자가 누구인지를 아는 것은 독자에게 글에 대한 신뢰와 기대를 갖게 한다. 또 필자 입장에서는 자신의 이름을 걸고 글을 쓴다는 것이 내용에 대한 책임을 지고 글의 완결성을 담보하는 것이기도 하다.

또 다른 디지털 기반 글쓰기의 특징으로는 네이버 포털의 '지식iN'이나 '위키피디아(www.wikipedia.org)'에서 네티즌의 참여로 축적되는 집단 지성 현상이 있다. 네티즌들이 직접 의제를 설정하고 공론을 형성하는 과정에 집단 지성 활동이 활발하게 나타나고 있다.

SNS상에서 효과적으로 소통하기 위해서는 '좋아요', '댓글 달기'와 같은 감정적 피드백이 타인과의 교류에 중요한 역할을 수행한다(오희영, 2023:52). 또 '@' 기호를 활용하면 특정한 상대를 지목하여 메시지를 전달할 수 있고, '#' 기호는 특정 주제를 검색어로 지정함으로써 자신의 메시지를 보다 널리 확산시키는 기능을 한다. 이때 사용되는 매체의 기능으로는 글쓰기(담벼락, 트윗), 친구 등록(친구 추가, 팔로잉), 공감('좋아요' 버튼, 리트윗)의 방식으로 사회적 관계를 형성할 수 있다(김성식 · 배진아, 2014:112).

또 디지털 기반 글쓰기 필자가 사회적 네트워크를 구축하는 과정에서는 일대일/일대다 의사소통 상황에 맞게 자신의 입장을 조정하고, 의사소통 참여자와 일체화하는 현상이 발생하며, 정보를 생산 · 공유하는 과정에서는 사회적 의제를 공론화하거나 공감대를 형성하는 작업들이 이루어지고 있다(김지연, 2015:16).

이렇듯 종이 기반 글쓰기와 디지털 기반 글쓰기에서는

그 속성의 차이로 인해 필자와 독자, 그리고 텍스트상의 표현과 구성까지 다른 양상이 펼쳐진다.

종이 기반 글쓰기는 근대 리터러시의 기반을 형성한 글쓰기 방식으로, 고정된 활자와 선형적 구조를 특징으로 한다. 종이 위에 인쇄되는 텍스트는 물리적 공간의 제약 속에서 완결성과 보존성을 중시하며, 독자는 주어진 텍스트를 수동적으로 해석하는 위치에 놓인다. 이처럼 종이 기반 글쓰기는 필자와 독자 사이의 위계적 관계를 전제하고, 지식 전달을 일방향적으로 구성함으로써 객관성, 합리성, 보편성을 강조했다. 이러한 글쓰기 방식은 근대 사회의 교육, 학문, 언론 체계의 중심이 되었으며, 활자와 인쇄물을 매개로 한 지식의 표준화와 권위의 제도화를 촉진했다. 그러나 그만큼 글쓰기의 상호작용성과 참여성은 제한되었고, 텍스트는 한 번 고정되면 수정이나 재구성이 불가능한 폐쇄적 구조를 지니게 되었다.

볼터(Jay Bolter)는 디지털 매체를 새로운 '글쓰기 공간'이라 규정했다. 글쓰기 공간은 물질적이고 시각적인 표현의 장으로서, 고대에는 파피루스 두루마리의 안쪽이, 중세와 근대 인쇄 시대에는 제본된 책의 흰색 페이지가 그 공간으로 사용되었다. 이러한 글쓰기 공간이 인터넷을 통해 가상적이고 네트워크화된 공간으로 확장되면서, 오늘날의 글쓰기는 '플랫폼(platform)'의 차원에서 재정의되었다. 플랫폼은 IT 분야에서 '어떤 일을 수행하는 데 필요한 공통적 구조'를 의미하며, 다양한 응용 프로그램이 작동할 수 있는 기반 환경을 가리킨다(김지연, 2013:76). 이러한 플랫폼 중 대중이 가장 선호하는 SNS는 독자적인 글쓰기 플랫폼으로 기능하면서 필자와 독자 간의 관계를 보다 개방적이고 상호적인 구조로 전환했다.

디지털 기반 글쓰기의 속성은 종이 기반 글쓰기와의 단절이라기보다, 오히려 종이 기반 글쓰기의 구조를 재구성하고 개조하는 '재매개(remediation)'의 과정으로 해석할 수 있다(Bolter, 1991/2010). 즉 디지털 매체는 종이 매체를 완전히 대체하지 않고, 그것의 구조를 흡수하면서 새로운 표현 양식으로 재구성한다. 예컨대 종이 기반 글쓰기의 논리적 서사 구조는 디지털 환경에서 하이퍼텍스트로 전환되어, 독자가 정보의 경로를 선택하고 텍스트를 재조합할 수 있게 만든다. 이는 필자가 의미를 독점하던 종이 기반 글쓰기의 일방향성을 해체하고, 독자의 선택과 참여를 통해 텍스트가 끊임없이 갱신되는 비선형적 구조를 형성한다. 이처럼 디지털 기반 글쓰기는 종이 기반 글쓰기의 한계를 보완하면서 새로운 문식의 가능성을 열었다.

디지털 매체를 통한 소통과 정보 공유는 전통적 문식

환경보다 훨씬 더 능동적이고 참여적인 문식 실천을 가능하게 한다. 그러나 온라인 공간에서 생성되는 텍스트의 적절성, 도덕성, 진정성, 진실성, 중요성, 관련성, 그리고 실체를 판단하기 위해서는 단순한 기술 활용 능력을 넘어 비판적 리터러시가 필요하다. 비판하고 사회적으로 책임지는 텍스트를 생산하기 위해서는 헤게모니적 담론에 대응할 수 있는 비판적 리터러시의 기능과 안목이 중요하기 때문이다(정옥년, 2022:6). 디지털 매체의 개방성과 접근성이 새로운 가능성을 제공하는 동시에, 그만큼 높은 수준의 비판적 사고와 윤리적 책임을 요구하는 이유가 여기에 있다.

디지털 매체 사용자들은 더 이상 수동적 독자가 아니다. 정보의 수용자였던 개인들은 이제 정보와 매체의 생산 과정에 직접 참여하는 창조적 주체로 변모했다. 이들은 생산자이자 소비자인 '생비자(prosumer)'로서, 다양한 소셜 미디어 플랫폼에서 자율적으로 상호작용하며 수평적 네트워크를 구성하고 있다. 각자의 정보를 공유하고 지식을 생산하며, 사회적 문제를 해결하기 위해 공론장을 형성하는 이들의 활동은 곧 미디어를 통한 사회적 실천이 일상화된 문식 행위로 볼 수 있다.

결국 종이 기반 글쓰기에서 디지털 기반 글쓰기로의 전

환은 단순한 기술적 변화가 아니라, 문식 패러다임의 전환이라 할 수 있다. 종이 기반 글쓰기가 완결성과 위계적 질서를 강조한 닫힌 문식 구조였다면, 디지털 기반 글쓰기는 상호작용과 참여를 전제로 하는 열린 문식 구조로 작동한다. 디지털 기반 글쓰기는 생산과 소비, 개인과 공동체, 텍스트와 행위의 경계를 허물며, 인간이 매체와 상호작용하는 방식을 새롭게 재구성했다. 이러한 변화는 문식의 개념을 '읽고 쓰는 능력'에서 '참여하고 실천하는 능력'으로 확장하며, 사회적 실천 글쓰기의 새로운 지평을 열었다.

참고문헌

강인규(2013). 여행자의 시선으로 낯설게 들여다보기. 김혜원 외(2013). 『나는 시민기자다: 오마이뉴스 시민기자 12명의 세상을 바꾸는 글쓰기』. 오마이북

김성식.배진아(2014). SNS 커뮤니케이터의 유형 분석. ≪사이버커뮤니케이션학보≫, 31권 4호, 97~139.

김지연(2013). 블로그 필자들의 인터넷 작문 양상. ≪작문연구≫, 19권, 69~100.

김지연(2015). 소셜 미디어에 나타난 디지털 필자의 글쓰기 특성 고찰. ≪작문연구≫, 24권, 1~22.

방상호(2017). 문식성 변화와 디지털 읽기·쓰기 수업의 방향. ≪한국어문교육≫, 23권, 5~32.

오연호(2013). 잉걸 기사의 숲에서 희망을 쓴다. 김혜원 외(2013).

『나는 시민기자다: 오마이뉴스 시민기자 12명의 세상을 바꾸는 글쓰기』. 오마이북.
오희영(2023). 민주시민의 사회적 실천으로서 글쓰기에 대한 수사학적 연구. 가톨릭대학교 박사학위논문.
오희영·하병학(2021). 국민청원, 소환과 참여의 수사학. ≪수사학≫, 40권, 141~172.
육영수(2010). 『책과 독서의 문화사』. 책세상.
이삼형·권대호·이지선(2018). 디지털 시대 시민성 교육을 위한 국어 교육의 역할. ≪새국어교육≫, 115권, 7~29.
이지원(2016). 21세기의 필자와 쓰기 교육. ≪작문연구≫, 28권, 213~247.
정옥년(2022). 독서 사회의 변화와 독서 교육의 대응. ≪한국독서학회 봄학술대회자료집≫.
Bolter, J. D.(1991). *Writing Space: Computers, Hypertext, and the Remediation of Print*. Lawrence Erlbaum Associates. 김익현 옮김(2010). 『글쓰기 공간: 컴퓨터와 하이퍼텍스트 그리고 인쇄의 재매개』. 커뮤니케이션북스.

08

사회적 실천 글쓰기의 독자와 필자

사회적 실천 글쓰기의 주체는 단순한 필자가 아니라, 시민으로서 사회적 책임을 인식하고 언어로 실천하는 행위자다. 이 글쓰기의 주체는 개인적 경험을 사회적 맥락 속에서 재해석하며, 타자와의 관계 속에서 자신을 구성한다. 따라서 사회적 실천 글쓰기는 자기표현의 차원을 넘어, 공동체의 변화를 추동하는 시민적 행위로 기능하며, 글쓰기의 주체는 곧 사회적 변화를 만들어 내는 참여적 실천자가 된다.

사회적 실천 글쓰기의 필자

사회적 실천의 글을 쓰는 사람은 어떠한 사람인가? 단순히 사회 문제와 관련하여 사고 차원에서만 옳고 그름을 판단하는 데 그치지 않고, 사회 변화를 위해 자신의 생각과 주장을 펼치며 이를 행동으로 실천할 수 있는 사람을 말한다. 사회적 실천 글쓰기는 궁극적으로 공공선을 지향하면서 공동체 구성원들과 그 의미를 공유하고 확장하는 것을 목적으로 한다. 이에 필자는 공동체 구성원들의 이해와 지지를 이끌어 내기 위해 합리적인 판단과 실천 의지를 기반으로 독자와 소통하기 위한 설득적 표현 능력을 갖추어야 한다(오희영, 2023:7). 독자를 설득하는 과정에서 어떤 표현이 공감을 불러일으킬 수 있는지를 고려하여야 비로소 사회적 실천 글쓰기는 실제적인 사회적 효력을 발휘하게 된다.

또 독자의 관심과 사회적 감수성을 고려한 의사소통 전략을 구사해야 한다. 필자는 우리 사회의 시민들이 무엇에 관심을 가지며, 무엇에 관심을 가져야 하는지, 그리고 공공선을 실현하기 위해 어떤 사회적 덕목이 필요한지를 이해해야 한다. 특히 사회 문제를 주제로 한 실천적 글쓰기에서 필자는 단순히 자신의 생각을 표현하는 데 그치지 않고, 공동체 속에서 발생하는 갈등과 문제를 진단하고 해결 방안을 모색하는 적극적 주체로 기능한다.

사회적 실천 글쓰기가 유명 인사나 공적 위치에 있는 사람의 사회적 발화로만 이해되지 않고, 일반 시민의 자발적 행위로 확장될 때, 그 글쓰기는 민주주의의 기반인 시민적 주체성을 구현하는 행위가 된다. 즉, 유명인의 글쓰기가 사회적 기대나 역할 의식에 기반한 '책임의 발화'라면, 일반 시민의 사회적 실천 글쓰기는 자발적 문제의식과 시민적 신념에서 비롯된 '참여의 발화'로 이해할 수 있다. 이러한 자발적 글쓰기 행위에는 공동체의 지속 가능성을 지키고자 하는 시민적 실천 의지와 공공성 의식이 내재되어 있다.

사회적 실천 글쓰기의 여러 사례는 모두 일반 시민이 쓴 글임에도 사회적으로 큰 반향을 일으켰다는 공통점을 가진다. 이는 사회적 실천 글쓰기가 필자의 사회적 위치나 언어적 전문성보다 문제의식의 진정성, 실천 의지, 공공적 가치의 호소력에 의해 사회적 확산력을 갖는다는 사실을 보여 준다.

사회문화적 관점에서 볼 때, 사회적 실천 글쓰기는 결국 글쓰기의 주체 문제로 수렴된다. '사회적 실천'은 하나의 쓰기 전략이 아니라 필자가 글쓰기에 대해 가지는 태도와 신념으로 구성되기 때문이다. 따라서 사회적 실천 글쓰기는 특정한 글쓰기 기술의 문제가 아니라, 쓰기 주체로서의 시민적 자각과 윤리적 실천의 문제로 이해되어야 한다.

이재기(2018)는 글쓰기를 통해 형상화된 시민은 "비알리바이적 참칭자"가 아닌, 스스로의 삶을 책임지는 '이 나'로서의 저자, 즉 고유하고 유일한 주체로서의 필자라고 했다. 그는 쓰기 교육을 통해 길러야 할 인간상을 "자신의 체험을 바탕으로 자기 삶을 책임지는 표현하는 시민"으로 규정했다. 이는 사회적 실천 글쓰기의 필자가 단순한 발화자가 아니라, 언어를 통해 자신의 윤리적 정체성과 사회적 책임을 구현하는 주체임을 의미한다.

이러한 사회적 실천 글쓰기 필자의 특성은 구체적 사례에서도 확인된다. 예를 들어, 2002년 12월 27일, 인터넷 한겨레 자유 토론방에 '앙마'라는 필명으로 "전 세계에 우리의 의지를 다시 보여 줍시다"라는 온라인 게시 글(김기보, 2002)을 작성한 필자는, TV 사회고발 프로그램에서 '미군 장갑차 여중생 사망 사건'을 시청한 후 강한 분노와 사회적 책임감을 느끼고 글쓰기를 통해 참여적 행동을 촉구했다. 당시 수많은 사람들이 같은 프로그램을 시청했으나, 사회 정의를 공론화하기 위해 직접 글을 쓴 사람은 극소수였다. '앙마'는 사회 문제를 단순히 소비하지 않고, 글쓰기를 사회적 실천의 도구로 전환했다는 점에서 시민적 주체로서의 글쓰기 실천자라 할 수 있다.

필자의 사회적 정체성

사회문화적 관점에서 볼 때, 필자는 쓰기의 주체로서 고립된 개인이 아니라 공동체의 가치와 담론을 내면화하는 사회적 행위자다. 쓰기의 주체는 사회가 요구하는 규범과 태도를 습득하고, 이를 바탕으로 사회적 상호작용 속에서 의미를 구성한다. 따라서 쓰기의 주체로서 필자의 정체성은 개인의 내면적 자아에 의해 독립적으로 형성되는 것이 아니라, 사회문화적 실천의 장에서 타자와의 관계적 상호작용을 통해 구성되는 사회적 산물이라 할 수 있다(서수현, 2010:143).

쓰기의 주체는 사회가 부여한 지위와 역할에 따라 특정한 사고방식과 가치관, 행동양식을 드러내게 되는데, 이러한 사회적 위치에서 형성된 자아 개념을 '사회적 정체성'이라 한다. 사회적 정체성은 성별, 직업, 계층 등 다양한 사회적 범주를 통해 발현되며, 집단 내에서는 연대감을, 집단 간에는 차이와 경계를 형성한다(최인자, 2001:389). 그러나 이러한 정체성은 고정된 실체가 아니라, 사회적 상호작용 과정에서 끊임없이 구성되고 재구성되는 유동적 실체다. 사회적 정체성은 한 개인의 내면 안에서 사회적 맥락에 따라 여성, 부모, 딸, 직업인, 학생, 시청자, 독자 등으로 코드 바꾸기를 하며 다중적으로 공존할 수 있다(옥현진, 2009:367).

이바니치(Ivanič, 1998)는 사회문화적 맥락에서 쓰기의 주체가 경험, 흥미, 의견, 현실 참여, 목소리, 자아 가치에 대한 인식, 문식 실천 등과 상호작용하면서 글쓰기를 수행한다고 설명했다. 이러한 요인들은 필자가 어떤 사회적 위치에서, 어떤 목소리로, 어떤 목적으로 글을 쓰는지를 결정짓는다. 다시 말해, 쓰기의 주체는 사회문화적 환경 속에서 자아를 형성하고, 필자는 그 자아를 글쓰기 행위를 통해 구체적으로 수행하게 된다.

쓰기 주체의 사회적 정체성은 사회 구조와 개인의 주도성(agency)이 상호작용하는 과정에서 구성된다. 필자는 글쓰기 과정에서 언어 선택과 서술 태도, 어조를 통해 자신의 정체성을 에토스로 드러낸다.

사회적 실천 글쓰기에서 필자의 에토스는 공공선 추구와 시민적 책임 의식이라는 가치에서 비롯된다. 또 필자는 시민으로서 자신의 권리를 행사하고 공동체의 일원으로서 의무를 수행하기 위해 공익적 사고와 이타적 인식을 지니게 된다. 사회 문제는 개인이 반드시 나서야 하는 사안은 아니지만, 필자가 문제 해결을 위해 글을 쓰는 순간 그는 사회적 책임을 수행하는 행위자로 자리하게 되기 때문이다. 따라서 사회적 실천 글쓰기에서 필자의 에토스는 공동체를 위한 진정성 있는 마음으로 표출된다.

청와대 국민청원은 사회적 실천 글쓰기 주체의 시민적 정체성을 가장 잘 보여 주는 사례다. 청와대 국민청원은 시민 누구나 사회적 이슈에 대해 의견을 제시하고 담론을 형성할 수 있는 참여의 장이었다. 이 공간에서 필자는 단순히 청원 제출자가 아니라, 사회적 이슈에 책임을 느끼고 공익적 가치를 실천하고자 하는 언어적 행위자로 역할을 했다. 청와대 국민청원의 필자들은 이해 당사자, 관찰자, 제3자의 입장에서 자신의 목소리를 내었다(오희영 · 하병학, 2021:151). 이 가운데에서 가장 두드러진 특징은 많은 필자가 자신을 직접적인 이해 당사자가 아닌 시민 전체의 대표자로 위치시키는 태도다. 이들은 특정 집단의 이익이나 개인적 불만을 넘어서, 공동체의 정의, 안전, 복지, 인권, 사회적 책임과 같은 공공선의 가치를 옹호하는 제3자의 입장을 취했다. 이러한 글쓰기 방식은 필자가 자신의 시민적 정체성을 구성하고 수행하고 있음을 보여 준다. 즉, 사회적 실천 글쓰기는 개인의 감정 표현을 넘어, 사회 속에서 스스로를 '책임 있는 시민'으로 선언하는 행위가 된다. 대표적인 사례로, 아파트 주민의 갑질로 목숨을 끊은 아파트 경비원의 억울함을 호소한 대학생(청원 176호), 코로나 감염 우려가 많은 상황에서 제주도를 여행한 모녀에 대해 강력 처벌을 주장한 주부(청원 170호)의 청원 등이 있다(오희영 · 하병학, 2021:153). 해당 청원인은 "일단 저의 일은 아니지만 저의 가족, 친구, 지인이 이런 일을 당하면 정말 안 되겠다고 생각해서 타인의 글을 빌려 청원을 넣었습니다. 다들 한 번씩만 보시고 저의 생각에 동의해 주신다면 청원을 해 주시기 바랍니다"라며 자신이 직접적인 이해 당사자가 아님에도 피해자에게 연민과 분노를 느끼게 된 이유와 심적 동기를 설명했다. 이처럼 사건 관련자가 아닌 제3자의 위치에서 공감과 연대를 바탕으로 청원에 참여하는 목소리는 공공선을 지향하는 시민적 주체성을 드러낸다고 할 수 있다.

필자의 태도와 신념

사회적 실천 글쓰기에서 가장 핵심적인 요소는 필자가 세상을 어떻게 인식하고 어떤 태도를 취하는지에 있다. 이러한 필자의 태도와 신념은 글의 설득력과 윤리성을 결정하게 된다. 필자는 글쓰기를 통해 자신의 신념을 언어적 실천의 형태로 구현하며, 그 과정에서 사회적 책임 의식을 드러낸다. 필자의 태도는 단순히 의견을 표명하는 차원을 넘어, 자기 성찰, 공감, 비판적 인식, 실천 의지를 포괄하는 윤리적 실천의 과정으로 이해될 수 있다.

〈김예슬 대학 거부 선언〉 대자보는 필자가 사회를 인식하는 방식과 그에 대한 주체적 태도를 선명하게 보여 주는 대표적 사례다. 필자는 "경주마처럼 길고 긴 트랙을 질주"해 온 자신의 삶을 고백하면서, 경쟁 중심 사회가 내포한 구조적 모순을 자각하고 이를 거부하는 개인의 실천적 선택을 언어로 표명했다. 이 과정에서 그는 자신의 경험을 반성적으로 서술하면서도, 같은 시대를 살아가는 청년 세대의 불안과 두려움에 공감하고, 부모 세대에 대한 효심과 책임감을 함께 드러냈다. 이 대자보는 개인의 서사에서 출발하여, 교육 제도의 부조리함과 학벌주의의 폐단을 사회구조적 문제로 확장함으로써 개인적 체험을 사회적 비판으로 변환하는 과정을 보여 준다. 필자의 고백에는 자기 삶을 성찰하는 태도와 더 나은 삶을 향한 도전, 자유와 저항의 의지가 결합되어 있으며, 이러한 진정성이 글의 신뢰성과 설득력을 구성하는 중요한 근거가 되었다. 요컨대, 김예슬 대자보는 실천의 윤리와 자기 성찰의 태도가 결합된 사회적 실천 글쓰기의 모범이라 할 수 있다.

반면 〈인하대 총학생회 대자보〉는 2022년 7월 발생한 학내 성폭행 사망 사건과 관련하여 총학생회가 발표한 공식 입장문으로, 사회적 실천 글쓰기의 설득력을 충분히 확보하지 못한 사례로 지적된다. 이 대자보는 형식상 추모의 성격을 띠고 있으나, 피해자에 대한 구체적 언급과 사건의 본질을 문제화하는 시도가 미흡하여 공감과 진정성이 부족하다는 비판을 받았다(김유민, 2022). 이 대자보는 피해자가 겪었을 인간적 고통을 조명하기보다는 애도의 정서를 반복적으로 표현하는 데 그쳤고, 문제 해결을 위한 실천적 의지나 제도 개선의 요구를 드러내지 않았다. 그 결과 대자보는 구성원들의 공분과 기대에 부응하지 못하였고, 언어적 발화가 행위로 이어질 가능성을 열어 보지 못한 채 공허한 담론으로만 인식되었다.

두 사례의 대비는 필자의 진정성과 실천 의지의 중요성을 보여 준다는 점에서 사회적 실천 글쓰기의 필자가 갖추어야 할 신념과 태도가 무엇인지 분명하게 제시한다. 김예슬의 대자보가 개인의 고백을 통해 사회적 변화를 촉구한 능동적 언어 행위였다면, 인하대 총학생회 대자보는 윤리적 책임 의식을 충분히 수행하지 못한 수동적 언어 행위로 평가된다. 사회적 실천 글쓰기에서 필자는 자신의 주장에 대한 근거와 이유를 제시하고, 독자가 공감할 수 있는 윤리적 태도와 실천적 의지를 함께 드러내야 한다. 진정성이 결여된 담론은 설득력을 확보할 수 없으며, 실천으로 이어지지 않는 언어는 사회적 변화를 이끌 힘을 갖지 못한다.

사회적 실천 글쓰기에서 독자 역할

사회적 실천 글쓰기에서 필자는 무엇보다 글의 수신자인 독자에 대한 이해를 갖추는 것이 중요하다. 독자는 관찰자이자 판단자의 위치에서 텍스트를 해석하며 그 과정에서 감동하거나 설득될지를 결정하기 때문이다. 플라워도 글쓰기에서 필자는 가상의 독자 요구와 반응을 상상하면서 글을 써야 글쓰기의 목적을 성취할 수 있다고 강조했다(Flower, 1998:21).

또 사회적 실천 글쓰기에서 독자는 단순한 수용자가 아니라, 텍스트의 의미를 재구성하고 사회적 담론에 참여하는 해석의 주체다. 페어클러프(Fairclough, 1980/2017:18)는 담론이 화자와 청자, 필자와 독자 사이의 상호작용 속에서 형성된다고 했다. 따라서 사회적 실천 글쓰기에서 독자를 파악한다는 것은 독자가 사회적 주체로서 어떠한 정체성을 구성하며 사회 변화의 과정에 어떻게 관여하는지를 탐구하는 핵심 과제라 할 수 있다.

문제는 필자가 상정하는 독자가 누구인가에 따라 글의 설득력과 담론의 지평이 달라진다는 점이다. 말하기와 달리 글쓰기는 필자가 의도한 구체적 독자뿐만 아니라, 필자가 상상하지 못한 잠재적 독자에게도 열려 있다. 특정 집단만을 대상으로 하는 글쓰기는 그 집단에서만 유효할 수 있으나, 사회적 실천 글쓰기는 특정 청중을 넘어 보편 청중을 지향해야 한다. 페렐만(Chaïm Perelman)은 논증의 타당성이 전제와 결론 간의 논리적 연결에 있는 것이 아니라, 오직 청중의 승인에 의해 결정된다고 하며, 구체 청중보다 보편 청중의 인정을 받는 것이 글의 질을 높인다고 주장했다. 이러한 관점에서 사회적 실천 글쓰기의 필자는 보편 청중, 즉 사회 전체의 공공선과 윤리적 판단 능력을 지닌 잠재적 독자를 상정하고 글을 구성해야 한다.

사회적 실천 글쓰기는 타인의 동의를 얻고, 나아가 타인에게 영향을 미치는 것을 목적으로 한다. 이는 곧 사회적 책임을 수반하는 공적 약속이라 할 수 있다. 따라서 필자는 자신이 상정한 독자만이 아니라, 자신의 글을 비판적으로 수용할 수 있는 잠재적 독자까지 고려해야 한다. 사회적 약자, 소수자, 반대 의견을 가진 사람들까지 포괄할 수 있는 지적 겸허함은 사회적 실천 글쓰기의 윤리적 조건이라 할 수 있다. 이러한 보편 독자 지향성은 글의 깊이와 질을 높이는 핵심 요인으로 작용한다.

이러한 맥락에서 '앙마'의 "전 세계에 우리의 의지를 다시 보여 줍시다"는 월드컵 열기 속에 잊힌 사회적 사건의 피해자를 추모하며, 경기에 열광했던 모든 시민을 보편 독자로 소환했다. 필자는 미군 장갑차 여중생 사망 사건을 보도한 TV 프로그램을 본 시민들에게 "대한민국의 주인으로 광화문을 걸을 자격이 있는 사람들"이라는 명명을 통해, 시민으로서의 역할과 책임을 부여했다. 이처럼 사회적 실천 글쓰기의 독자는 수동적 수용자가 아니라, 필자의 담론 속에서 함께 사고하고 행동할 동반자이자 참여자로 구성된다.

특히 디지털 기반 글쓰기의 주체는 필자이지만 독자의 역할을 동시에 수행하기도 한다(신선희, 2018:190). 온라인상에서 글쓰기는 독자와 소통이 이루어지는 상황에서 필자가 글을 쓰고, 그에 대한 응답인 독자의 댓글을 읽고, 그에 영향을 받아 다시 쓰기를 수행하면서 필자와 독자의 역할을 넘나들게 된다. 결국 사회적 실천 글쓰기의 독자는 텍스트 밖에서 존재하는 단순한 수용자가 아니라, 필자와 함께 담론의 공동 생산자라 할 수 있다.

참고문헌

김기보(2002.11.29). 네티즌, 광화문의 촛불시위를 제안하다. 오마이뉴스,

https://www.ohmynews.com/NWS_Web/View/at_pg.aspx?CNTN_CD=A0000096302&CMPT_CD=SEARCH
김예슬(2010). 『오늘 나는 대학을 그만둔다, 아니 거부한다』. 느린걸음.
김유민(2022.7.16). 학내 성폭행 사망에…“미어지는 가슴” 인하대 총학 입장문 논란. 서울신문. https://www.seoul.co.kr/news/newsView.php?id=20220716500039&wlog_tag3=daum
서수현(2010). 쓰기 수업 경험과 학생 필자의 정체성 구성. ≪한국초등국어교육≫, 44권, 141~172.
신선희(2018). 디지털 기반 글쓰기 교육의 방향 탐색. ≪청람어문교육≫, 65집, 185~209.
오희영(2023). 민주시민의 사회적 실천으로서 글쓰기에 대한 수사학적 연구. 가톨릭대학교 박사학위논문.
오희영·하병학(2021). 국민청원, 소환과 참여의 수사학. ≪수사학≫, 40권, 141~172.
옥현진(2009). 정체성과 문식성. ≪국어교육학연구≫, 35권, 361~386.
이재기(2018). 민주주의, 시민성 그리고 비알리바이로서의 글쓰기. ≪국어교육≫, 160권, 73~119.
최인자(2001). 사회적 정체성과 스피치 패턴의 연관을 중심으로 한 T.V. 드라마 교육. ≪국어교육학연구≫, 12권, 383~416.
Fairclough, N.(1980). *Discourse and Social Change*. Polity Press. 『담화와 사회변화』. 김지홍 옮김(2017). 경진출판.
Flower, L.(1979). *Problem-Solving Strategies for Writing*. Harcourt Brace Jovanovich. 원진숙·황정현 옮김(1998). 『문제해결전략』. 동문선.
Ivanič, R.(1998). *Writing and Identity: the discoursal construction of identity in academic writing, Amsterdam.*

Philadelphia, PA : John Benjamins,

Perelman, C.(1958). *Traité de l'argumentation: La nouvelle rhétorique*. Presses universitaires de France. 이영훈·손장권 옮김(2020). 『수사제국 – 수사와 논증』. 고려대학교출판문화원.

09

사회적 실천 글쓰기의 교육 모델

'사회적 실천'의 개념을 교육과정에 적용하는 일은 결코 쉽지 않다. 그러나 이를 자신의 교육적 신념으로 삼아 구체적인 교육 실천으로 구현한 교육자들이 있다. 이들의 실천적 교육활동은 학교 안의 교실뿐만 아니라 교실 밖의 삶의 현장에서도 이루어졌다.

파울루 프레이리

성인을 대상으로 사회적 실천 글쓰기를 구현한 대표적 교육자는 브라질의 파울루 프레이리(Paulo Freire, 1921~1997)다. 프레이리는 성인 사회교육자로, 1960년대 브라질을 중심으로 문해 교육 운동을 주도하였으며, 이후 미국과 유럽, 아프리카 등 여러 지역의 문해 교육 캠페인에 참여하면서 세계적인 영향력을 미쳤다. 프레이리의 문해 교육은 읽고 쓰기를 배우는 가운데 지배계층에 의해 억눌린 사람들이 자아를 새롭게 발견하고 자신이 처해 있는 사회적 상황을 직시하여 불합리한 사회를 뒤엎고 주도적으로 사회를 변혁시키는 과정이었다(Freire, 1970/2015:9). 즉, 문해 교육은 단순한 문맹 퇴치 운동이 아니라 지식 행위이자 창조 행위, 그리고 정치 행위였으며, 세계를 읽고 글을 읽기 위한 노력이었다(Freire & Macedo, 1987/2014:15).

프레이리가 도시와 농촌의 노동자, 농민을 대상으로 문해 교육을 통해 이루고자 한 것은 피지배계층의 의식화였다. 의식화는 비역사적 의식 수준에서 벗어나 비판적 의식의 단계로 나아가는 것으로, 이는 학습을 통해 성취될 수 있다(한준상, 2003:19). 그러나 프레이리는 기존의 제도권 교육에서 수행되는 은행 적금식 교육으로는 민중의 의식화가 이루어질 수 없다고 지적하면서, 문제 제기식 학습을 통한 대화 중심의 지식 습득이 이루어져야 한다고 주장했다. 이러한 학습 방식을 통해 학습자는 학습 행위의 능동적 주체가 되어 세계에 대한 비판적 통찰이 비로소 가능해진다는 것이다.

프레이리는 비문해자들이 문자를 해득하는 과정을 사회적 실천(praxis)의 과정으로 보았다. 성인 문해 교육은 현실 세계를 비판적으로 인식하고 억눌린 자들의 권리 의식을 발전시키는 것을 목적으로 하기 때문이다. 문자 해득의 과정이 단지 문자를 깨치는 것이 아니라 진정한 지식 습득의 행위가 되려면 학습자들이 자신의 실존적 상황에 대해 끊임없이 문제 제기할 수 있어야 한다고 강조했다(Freire, 1985/2003:123).

프레이리는 이러한 문제 제기를 가능하게 하는 방법론적 장치로 생성어를 활용했다. 생성어는 현실 순응의 이데올로기를 전수하는 일반 학습 교재의 단어와 달리, 민중의 현실적인 문제 상황을 반영하는 단어다. 농민들은 자신들의 학습 교재에 사용할 어휘를 직접 자신의 삶 속에서 선택했다. 농민들은 생성어를 실존적 상황에서 분석하고 고찰한 후, 음절로 해체하고 조합해 보는 과정에서 문자 학습과 동시에 단어에서 파생된 사회 현실과 구조적 문제에 대해 비판적으로 인식하게 된다. 이후 이에 대한 자신의 입장과 경험을 나누는 토론의 과정에는 교사와 학생이 동등한 주체로 함께 참여하여 생성어에 내재된 논쟁적 요소를 문제화하고, 그 문제 상황을 자신의 경험을 바탕으로 분석한다. 이러한 학습 과정에서 농민들은 침묵의 문화 속에서 억압되어 있던 자신의 존재를 성찰하고 자신도 목소리를 가질 권리가 있음을 자각하게 되었다.

교사는 생성어를 중심으로 문제 상황을 토론하는 동안 농민들에게 자신들의 반응을 간단한 구절로 칠판에 적도록 하고 이를 다시 종이에 베껴 쓰게 하여 서로의 견해, 비판, 질문을 공유한다. 이러한 과정에서 생성된 편찬물들은 나중에 농민들이 사용할 학습 자료를 개발하는 데 활용된다(Freire, 1985/2003:78). 이렇게 수집된 의견과 성찰의 기록들은 보다 풍부한 의미를 지닌 텍스트로 고쳐 쓰이게 되고, 최종적으로 비문해자를 위한 새로운 문해 교육 교재로 완성된다. 프레이리는 이러한 과정을 통해 학습자들이 문자 해득을 넘어 세계를 다시 읽고 세상에 대한 인식을 심화하게 된다고 보았다.

프레이리의 문해 교육은 성인 문맹자들을 대상으로 토론과 성찰의 과정에서 기록-텍스트 생산-초보적인 글쓰기로 이어지는 실천을 구현함으로써 사회적 실천 글쓰기의 원형을 보여 주었다.

셀레스탱 프레네

학교 교육과정 내에서 사회적 실천 글쓰기 교육을 실천한 대표적인 교육자로 프랑스의 셀레스탱 프레네(Célestin Freinet, 1896～1966)를 예로 들 수 있다. 프레이리가 성인 문해 교육에서 자신의 삶을 성찰하고 세상을 비판적으로 읽는 '사회적 실천(praxis)'를 강조했다면, 프레네는 초등 교육의 영역에서 생활 경험과 일을 통한 교육을 글쓰기 활동과 연계하여 사회적 실천을 수행했다.

프레네는 초등학교 교사로, 1920년대 프랑스의 공교육 개혁 과정에서 교실 개혁을 통해 교육 체계를 변화시키고자 했다(황성원, 2007:557). 그는 20세기 초 유럽과 미국에서 급속하게 보급되었던 신교육 운동에 깊은 관심을 가져 듀이(John Dewey), 페스탈로치(Johann Pestalozzi), 몬테소리(Maria Montessori)와 같은 교육학자들의 영향을 받으면서 학교와 현실의 괴리를 인식하게 되었고, 자신만의 교육 철학이 담긴 프레네 교육학(Pédagogie Freinet)을 만들었다. 이는 현대 학교(Ecole moderne) 운동으로 불리며 발도르프 교육, 몬테소리 교육과 함께 유럽에서 교육 개혁의 대표 모델로 평가받고 있다.

프레네는 아동은 성인과 동일한 본성을 지닌 존재로서 존중받아야 하며, 교육과정은 아동의 흥미와 관심에 따라 구성되어야 하며, 학생들이 자발적으로 참여할 수 있고 학습의 주체가 되는 교육 환경을 조성해야 한다고 생각했다.

프레네의 핵심 교육 방법은 산책 수업과 일을 통한 교육, 자유 글쓰기로 구현되었다. 산책 수업은 교실 밖 세계로 교육 공간을 옮겨 마을 변두리 탐사, 동식물 관찰, 작업장 견학 등의 활동을 통해 학생들이 주변의 자연물을 직접 경험하는 것이다(김세희, 2013:128). 이는 교육과정을 교과서적으로 검토하는 것이 아니라, 아동의 실생활을 살아 있는 텍스트화하여 자신들의 생각과 느낌을 생생하게 표현하는 데 중심을 둔 방식이다.

당시의 교육 이론가들이 놀이의 중요성을 강조한 것에 반해 프레네는 아동의 자연스러운 욕구는 놀이가 아니라 일에 있다고 생각했다(임소연 · 권동택, 2016:84). 프레네가 말하는 일은 생산적인 노동이나 직업을 위한 일처럼 강요되는 것이 아니라, 아동이 흥미를 느끼며 자발적으로 참여하여 만족감을 느끼는 것을 의미한다. 정신적이고 신체적인 활동으로 이루어진 일을 통한 교육은 학생들이 세속적인 경쟁심에서 벗어나 협력적이고 사회적인 관계를 형성하게 해 준다고 보았다.

프레네는 아동의 흥미를 끄는 교육과정이 매우 중요하다고 보고 이를 실현하기 위한 수단으로 자유 글쓰기와 인쇄기를 활용했다. 그는 문법이나 철자 교육이 엄격한 결과 중심의 글쓰기 교육을 비판하며, 아동이 다양한 경험 세계를 교과와 연결하여 자유롭게 자기표현을 할 수 있어야 한다고 강조했다.

자유 글쓰기는 아동이 글을 쓰고 싶을 때, 자신에게 감명을 준 주제에 따라 자신의 삶을 꾸밈없이 반영하고 묘사하는 글쓰기다(정훈, 2012:4). 글감은 산책 활동이나 일을 하면서 보고 느낀 것 중 영감이 떠오르는 것을 자유롭게 선택한다. 글쓰기 주제를 정하거나 글의 규정이나 형식에 제한을 두지 않고, 교사가 아동이 쓴 글을 평가하지도 않는다. 교사는 학생들과 민주적이고 개방적으로 대화를 나누면서 글쓰기를 격려한다.

자신이 쓴 글이 인쇄되어 공식적인 글로 발표된다는 것은 학생들의 글쓰기에 더욱 동기 부여가 되었다. 학생들은 산책 활동이나 노작 활동 후 자신이 쓴 글을 공동 글 다듬기 활동을 통해 수정하면서 문법, 어휘, 구문과 철자에 대한 정확한 표현법을 익히고 또래의 피드백을 통해 보다 나은 작품으로 완성한다. 이러한 글은 교사와 학생이 함께하는 인쇄 작업을 거쳐 작품집이나 학급 신문으로 제작되었다.

프레네 교육에서 글쓰기가 인쇄 작업을 거쳐 신문으로

제작되는 일련의 활동은 학생들의 가정에서의 삶과 사회적 삶을 학교에서의 삶으로 통합하고, 신문 제작 자체가 생산적인 일이 되어 학생들이 그 즐거운 학습 활동에 몰두하게 했다(정훈, 2012:12).

학생들의 글이 실린 학급 신문은 지역 사회와 다른 학교에 배포되었다. 신문 발행은 자신이 쓴 글이 실제 독자에게 전달되고 반응을 얻는 과정을 통해 학생들에게 작가로서의 경험을 갖게 했다. 또 글쓰기에 지속적인 흥미를 갖게 하고 자신감을 심어 주었다. 학교 간의 교류 활동은 아이들의 관심사를 개인적인 것에서 사회적 영역으로 확장하는 효과를 발휘했다.

한편, 프레네는 영화 · 라디오 등 당시로서는 혁신적인 미디어 매체를 교육 현장에 도입하였는데, 이는 오늘날의 매체 활용 기반 교육으로 이해할 수 있다.

이러한 프레네의 교육 실천은 학생들의 언어 활동을 현실과 연결하고, 학습자 스스로가 사회적 의사소통의 주체가 되도록 하는 시도로 평가된다. 나아가 글쓰기와 경험학습, 협력 작업, 매체 활용 등이 통합된 프레네 교육 방식은 오늘날의 사회적 실천 글쓰기 교육의 선구적 사례로서 의의를 갖는다.

이오덕

우리 사회에서 사회적 실천 글쓰기의 대표적인 실천가로는 이오덕(1925~2003)을 예로 들 수 있다. 이오덕은 1980년대 한국사의 정치적, 사회적 전환기에 아동문학과 교육 운동의 교차점에서 왕성하게 활동했다(신동재, 2025b:216).

그는 어린이를 대상으로 '삶을 가꾸는 글쓰기' 교육을 통해 자신의 삶을 사실적으로 표현하는 생활 글쓰기를 강조하였으며, 특히 현실성과 주체성을 글쓰기의 핵심 가치로 제시했다(신동재, 2025a:70). 그는 어린이를 삶의 주체적 존재로 규정하고, 자신이 경험한 생활을 정직하게 표현하는 과정이 글쓰기 교육의 본질이라고 생각했다.

이오덕은 글쓰기 교육이 정권을 유지하기 위한 교육행정의 선전 수단으로 이용되는 행태를 안타까워하며, 아이들이 정직한 마음으로 세상을 살아가기 위해서는 정직하게 쓰는 것을 가르쳐야 한다고 강조했다(이오덕, 2002:42). 이는 글쓰기를 단순한 언어 훈련이 아닌, 삶의 가식과 허위를 배제하고 진실한 생활을 창조해 나가는 실천적 행위로 이해한 접근이다.

이러한 관점에서 그는 일하는 아이들을 정직한 글쓰기의 상징적 존재로 제시하였으며, 이는 1970년대 한국 아동문학사에서 아동문학의 성격과 글쓰기 교육 방향을 두고 발생한 논쟁의 중심이 되었다(신동재, 2025a:72).

사회적 실천 글쓰기 관점에서 주목할 점은 그가 농촌과 도시의 이분법을 넘어 '일하며 살아가는 어린이'의 삶에 관심을 가졌다는 데 있다. 이오덕은 아이들이 일하면서 살아가고 자라나므로, 일하는 것이 즐거운 놀이가 되고, 그 놀이가 일이 되고, 또 그것이 바로 학습이 되는 교육을 해야 한다고 주장했다(이오덕, 2002:25).

이러한 삶에 기반한 이오덕의 글쓰기 교육 철학은 '삶과 글의 통합'과 일을 통한 교육을 강조한 프레네의 교육철학과 일맥상통한다. 즉, 글쓰기가 생활과 분리된 기술 훈련이 아니라, 현실 속에서의 경험과 실천을 기반으로 이루어져야 한다는 점에서 두 교육자는 공통된 지향점을 보였다.

1980년대 이후 이오덕은 점차 사회 참여적 운동에 적극적으로 동참했다. 그는 한국글쓰기교육연구회, 민주교육실천협의회, 전국민주교육추진교사협의회, 한국어린이문학협의회 등에서 활동하며, 아동을 중심으로 한 글쓰기 이론을 '참삶'과 '참교육'을 실천하는 민주주의적 기제로 확장했다. 그의 사유는 학교를 벗어나, 일반 사회 구조의 모순과 언어 문제에 이르기까지 광범위하게 확대되었다(신동재, 2025b:217).

이렇듯 이오덕의 글쓰기 교육은 민중교육 운동의 흐름

속에서 활성화되었으나, 그 지향점은 프레이리 식의 '억압된 자의 해방'을 목적으로 하는 의식화 교육과는 구별된다(강도희, 2021:281). 생활 글쓰기가 개인의 경험과 감정을 중시하여 자신만의 글쓰기 방식과 세계 인식을 강조한 점은 긍정적으로 평가할 수 있지만, 지나친 '주관성'의 강조는 표현주의적 입장에 머물 수 있으며, 이로 인해 현실을 정확하게 인식하는 데 한계가 있을 수 있다는 비판이 제기되기도 했다(이재기, 2001:340).

그럼에도 이오덕의 글쓰기 교육은 시대 변화 속에서 교육 대상과 실천 영역을 농촌 아동의 생활 중심 글쓰기에서, 산업화 시대 노동자들의 민중 글쓰기로 확대 · 심화하면서 삶을 기반으로 한 글쓰기의 실천적 가능성을 모색하였다는 데 그 의의가 크다. 그의 업적은 '언어의 변혁을 통한 세상의 변혁'을 지향한 결과물로 높이 평가받기도 했다(신동재, 2025b: 217).

이오덕의 글쓰기 교육은 생활 기반의 표현적 글쓰기를 중심으로 출발하였으나, 사회 구조적 변혁을 직접 지향하기보다는 개인의 성찰과 주체적 삶의 태도 형성을 강조했다. 따라서 이오덕의 글쓰기 교육은 교육의 실천 현장에서 주체적 성찰과 사회 변화 가능성을 모색하고자 했다는 점에서 한국형 사회적 실천 글쓰기의 토대를 마련한 시도로 평가할 수 있다.

참고문헌

강도희(2021). 1980년대 아동 생활글 연구. ≪여성문학연구≫, 52권, 264～283.

김세희(2013). 현대 프랑스 교육운동의 관점에서 본 '페다고지 프레네'. 고려대학교 박사학위논문.

신동재(2025a). 이오덕의 '일하는 아이들' 담론 연구. ≪어린이문학교육연구≫, 26권 3호, 69～100.

신동재(2025b). 1980년대 이오덕의 비평, 실천 연구. ≪방정환연구소≫, 14권, 215～268.

이오덕(2002). 『문학의 길 교육의 길』. 한길사.

이재기(2001). 주체, 이데올로기, 그리고 문식성 교육. ≪국어교육학연구≫, 12권, 317～361.

임소연·권동택(2016). 프레네 교육이 초등교육에 주는 함의. ≪초등교육학연구≫, 23권 1호, 79～104.

정훈(2012). 프레네 자유 글쓰기의 교육적 의미. ≪교육과학연구≫, 43권 3호, 1～25.

한준상(2003). 프레이리의 사회교육 사상. Freire, P. (1985). *The Politics of Education: Culture, Power, and Liberation*. Bergin & Garvey. 한준상 옮김(2003). 『교육과 정치의식』. 한국학술정보(주).

황성원(2007). 프레네 교육학의 전개 과정과 현재적 의미. ≪프랑스학연구≫, 42권, 555～576.

Freire, P.(1985). *The Politics of Education: Culture, Power, and Liberation*. Bergin & Garvey. 한준상 옮김(2003). 『교육과

정치의식』. 한국학술정보(주).

Freire, P.(1970). *Pedagogy of the Oppressed.* Continuum. 성찬성 옮김(1986). 『페다고지』. 한마당.

Freire, P. & Macedo, D.(1987). *Literacy: Reading the Word and the World.* Bergin & Garvey. 허준 옮김(2014). 『문해교육: 파울로 프레이리의 글 읽기와 세계 읽기』. 학이시습.

10

사회적 실천 글쓰기와 시민 교육

사회적 실천 글쓰기는 시민이 언어를 통해 사회적 책임을 인식하고 공공의 문제 해결에 참여하도록 하는 시민 교육의 실천적 도구로 활용될 수 있다. 사회적 실천 글쓰기는 지식의 단순 재현보다 사회적 담론 형성과 숙의 과정을 중시하며, 학습자가 글을 통해 타인과 공감하고 공동체적 결정을 모색하도록 이끌기 때문이다. 따라서 사회적 실천 글쓰기는 비판적 사고력, 공공성, 참여 의식 등 민주 시민의 핵심 역량을 함양하는 언어 기반 시민 교육의 장으로 기능한다.

사회적 실천 글쓰기의 시민 교육적 함의

우리는 흔히 민주주의의 기원을 고대 그리스 아테네에서 찾지만 당시 시민의 개념은 오늘날의 의미와 달랐다. 고대 아테네의 시민은 한정적인 사회계급으로, 경제적인 노동에서 벗어난 자유로운 신분의 자유민이면서 시간적, 경제적 여유가 있는 일부 남성에 한정되었기 때문이다.

이제 시민의 개념에 대한 규정은 시대의 흐름에 따라 달라졌지만 그 본질적 의미는 현대 사회에서도 여전히 유효하다. 당시 그리스인들은 정치적인 삶과 윤리적인 삶이 분리되지 않은 것으로 이해하였기 때문에 개인적으로 윤리적인 사람이 공동체도 윤리적으로 운영할 것으로 기대했다. 플라톤이 주장한 '철인 사상'도 이러한 전통 속에서 등장한 것이다. 윤리적인 사람은 지혜로운 사람이고 이는 곧 덕이 있는 사람을 의미했다. 또 시민들은 정치 공동체에 참여하는 생활을 하지 않고서는 자기완성을 할 수 없었다. '좋은 인간'이 되기 위해서는 반드시 '좋은 시민'이 되어야만 했다(심성보, 2011:26). 소피스트들이나 플라톤, 아리스토텔레스 등의 철학자들이 학교를 세워 좋은 시민을 양성하기 위한 교육을 시작한 것이 시민 교육의 시초가 되었다.

그러면 현대의 시민은 누구를 말하는가? 시민으로서

의무와 역할을 다하면 누구나 시민이 될 수 있는 것인가? 우리 사회에서는 혈통주의 원칙에 따라 부모 중 적어도 한 명이 대한민국 국민이면 출생과 동시에 자동으로 국적을 부여받는다(국적법 제2조). 하지만 국적을 보유하고 있다고 해서 모두 시민의 역할을 다한다고 할 수는 없다. 법과 제도상으로 주어진 권리를 넘어서 시민성을 발휘하면서 공적 주체로서의 역할을 수행할 때 비로소 시민의 자격이 주어지기 때문이다(이동수 외, 2013:302). 이에 현대적 의미의 시민은 민주주의에 대한 지식을 갖추고 있으면서, 민주주의를 위하여 제반 정치 과정에 적극적으로 참여할 뿐만 아니라 그 책임도 질 수 있는 사람이라 규정할 수 있다. 즉, 현대의 민주 시민은 민주주의에 관한 지식이나 가치에 대한 인식 차원을 넘어 그것을 행동화하고 실천화할 수 있는 태도와 능력을 갖춘 사람을 의미한다(배한동, 2008:7).

한국의 시민사회는 서구와 다른 발달 경로를 거쳐 왔다. 한국 사회는 서구 사회가 산업혁명 이후 300여 년에 걸쳐 이루어 낸 자본주의 근대화 과정을 60년이 안 되는 기간 동안 이룩함으로써 압축적 근대화를 이루어 냈다. 이것은 세계사적으로 유례를 찾기 힘든 압축 성장으로, 한 세대가 '전산업화시대', '산업화시대', '정보화시대'를 한꺼번에 체험하는 비정상적인 과정을 거치게 되었다.

우리 사회는 이러한 급격한 사회, 문화, 경제적 변화를 거쳐 오는 동안 하나의 사회 문제를 둘러싼 상이한 입장들과 이해관계 속에 심각한 사회 갈등이 야기되었고, 상대방을 설득하고 견해 차이를 좁히려 노력하기보다는 일방적인 주장만을 강조하여 갈등의 골을 깊게 만드는 경우가 많았다.

민주주의 사회는 사회 문제를 해결하기 위해 여러 의견 중 어떤 의견이 보다 정당한가를 토론함으로써 더 나은 사회로 발전하기 위해 노력하며 발전해 간다. 그래서 민주주의가 발전하기 위해서는 서로 다른 입장을 표명하고 조율할 수 있는 합리적인 해결 능력이 시민들에게 요구된다. 이에 하병학(2003)은 우리 사회가 건전한 민주 사회로 한 걸음 더 나아가기 위해 무엇보다도 요청되는 것은 다른 구성원들과 원활한 의사소통을 이끌어 갈 능력을 갖춘 교양인이라고 했다.

민주주의의 가치를 실현할 수 있는 시민의 역량은 사회적 실천 글쓰기 교육을 통해서 함양할 수 있다. 사회적 실천 글쓰기는 개인이 자신의 경험과 관점을 타자와 공유하는 과정을 통해 사회적 논제를 발굴하고, 근거 기반의 논증을 전개하며, 합리적 대안을 모색하는 능력을 기르게 한다. 이는 곧 공적 영역에서의 참여 능력, 비판적 사고, 공감적 소통을 강화하는 과정과 맞물려 있으며, 다양한 관점을 조정하고 공동의 해결책을 찾아가는 민주적 실천으로 이어진다.

또 사회적 실천 글쓰기는 단순히 의견을 표현하는 데 그치지 않고, 타자의 목소리를 적극적으로 경청하고 상호 이해를 기반으로 한 소통적 글쓰기를 지향한다. 이러한 과정은 갈등의 출발점이 되는 생각의 차이를 생산적인 논의를 통해 조정하고, 공동체가 직면한 문제에 대한 합리적 해결책을 마련하는 데 기여한다.

따라서 사회적 실천 글쓰기 교육은 공익적 문제의식 함양, 다원적 관점 수용, 공동체적 책임성 강화라는 측면에서 민주 시민으로 성장하는 데 핵심적인 역할을 수행할 수 있다. 이는 민주주의가 단순한 정치 제도를 넘어, 시민 개개인의 성숙한 참여를 통해 지속적으로 재구성되는 사회적 실천 과정에서 유지되기 때문이다.

사회적 실천 글쓰기의 실제 사례에서는 필자들이 사회 문제의 맥락을 비교적 잘 파악하고 있음에도, 공적 담론을 다루는 글로서 요청되는 시민적 태도와 책임 의식이 결여된 경우가 다수 발견된다.

예를 들어, '공공의대 정책 반대' 청원의 경우 공적 의제를 다루었으나, 공익을 우선하기보다 특정 정치적 입장을 강화하는 방향으로 논지를 전개했다. 또 객관적 사실에 근거하기보다 확인되지 않은 정보와 편향된 주장에 의존함으로써 비판적 사고와 사실 검증이라는 공적 글쓰기의 기본 원칙을 지키지 못했다. 〈인하대 총학생회 입장문〉의 반응 중 하나인 '당신의 목소리를 키워 응답해 주세요' 대자보 또한 성차별 문제를 제기하며 사회적 공론을 형성하려고 시도하였으나, 문제 해결을 위한 소통보다는 양극화된 입장 대립의 강화로 귀결되었다.

사회적 실천 글쓰기는 대립을 심화하는 언어 행위가 아니라, 상호 이해와 토론을 통해 공공선으로 나아가는 담론적 대화의 장이 되어야 한다. 사회적 실천은 변증법적 대립 속에서도 결국 대립의 해소와 자기 발전의 과정을 통해 완성된다(민병곤, 2001:238). 이러한 사례들은 필자들이 사회적 실천 글쓰기의 장르적 속성과 공적 담론의 윤리적 규범을 충분히 인식하지 못한 데에서 비롯된 문제로 볼 수 있다. 따라서 사회적 실천 글쓰기 교육에서는 현재의 수사적 상황을 정확히 파악하고, 문제 해결을 위한 공적 접근 태도를 기를 수 있는 지도가 필요하다. 사회 문제를 주제로 삼는 글일수록 필자는 자신의 관점을 명확히 하되, 사실에 근거한 논증과 대화적 태도를 유지해야 한다. 이러한 태도는 글쓰기의 기술 이전에 공공 영역에 참여하는 시민으로서의 윤리적 책무를 내면화하는 과정에서 길러진다.

사회적 실천 글쓰기의 주체는 단순한 개인이 아니라 시민적 자아로서의 정체성을 갖추어야 한다. 사회적 실천 글쓰기는 개인이 시민으로서 권리를 주장하고 의무를 실행하는 행위이기 때문이다. 필자의 이러한 시민 정체성은 글쓰기의 수사적 구성 요소 중 하나인 에토스로 드러나며, 독자의 신뢰와 설득력을 형성하는 핵심 요인으로 작용하게 된다. 따라서 사회적 실천 글쓰기 교육에서는 필자에게 사회적 책임을 인식한 윤리적 에토스의 구축을 강조해야 한다.

사회적 실천 글쓰기의 본질은 공적 영역에서 사람들이 언어를 통해 행동하고, 논쟁을 해결하며, 사회적 합의를 모색하는 데 있다. 이는 미학적 글쓰기보다 실용적이고 목적 지향적인 의사소통 행위다. 따라서 사회적 실천 글쓰기 교육은 갈등을 단순히 진단하는 수준을 넘어, 언어를 통한 갈등 조정과 문제 해결 능력을 기르는 데 초점을 맞추어야 한다. 이러한 교육의 목표는 민주 사회에서 발생하는 다양한 사회적 갈등을 언어 행위를 통해 해결할 수 있는 비판적 · 성찰적 시민을 양성하는 데 있다.

결국 사회적 실천 글쓰기를 가르쳐야 하는 이유는, 그것이 단순한 표현 능력의 훈련이 아니라 민주 시민으로서의 실천적 리터러시를 함양하는 교육이기 때문이다. 사회적 실천 글쓰기를 통해 학습자는 글을 '쓰는 행위' 자체가 곧 사회 참여의 형태임을 깨닫고, 언어를 통한 책임 있는 행동으로 민주적 공론장을 구성해 나가는 시민으로 성장하게 될 것이다.

학교 교육과정의 시민 글쓰기 교육

사회적 실천 글쓰기는 학교 교육과정에 통합되어 시민 교육의 실천적 방법으로 활용될 수 있다. 학교 교육과정 안에서 사회적 실천 글쓰기가 적용될 수 있는 영역은 국어과의 '작문'뿐만 아니라 사회, 도덕, 통합사회 등 다양한 교과에 걸쳐 있다. 쓰기는 모든 교과에서 사고력과 표현력을 기르는 기본적인 학습 방법이자, 학습 내용을 구성하고 재구성하는 핵심 활동이기 때문이다. 이러한 교과 간 쓰기 활동은 '교과 글쓰기', '전공 연계 글쓰기', '범교과 쓰기' 등의 용어로 불리며, 학문적 사고력과 실제적 문제 해결력을 동시에 향상하는 교육 방식으로 주목받고 있다(노들 · 옥현진, 2021:100).

2015 개정 교육과정에서 제시된 '통합사회' 과목은 "개인의 삶과 사회의 변화를 통합적으로 파악하고, 비판적 사고력 · 문제 해결력 · 공동체 의식을 기르는 것"을 목표로

한다. 수업 활동으로는 "토의와 토론, 논술, 프로젝트 학습 등 경험 및 참여 중심의 활동"이 명시되어 있어, 사회적 실천 글쓰기의 교육적 도입 근거를 제공한다. 사회과 교육과정 또한 민주 시민 역량 함양을 위한 교수 · 학습 방법으로 글쓰기를 제시하며, 실제 사회 문제를 주제로 한 논증적 글쓰기를 강조하고 있다.

사회 교과에서는 단원 주제에 따라 '인권 보장과 헌법', '정의와 사회 불평등', '문화와 다양성' 등의 문제를 탐구하고 이를 바탕으로 글쓰기를 수행한다. 예컨대 초등학교 도덕 교과서에는 "신돌석 장군의 처지가 되어 의병을 모으는 격문을 써 봅시다"라는 활동이 제시되어 있는데, 이는 단순한 주장 글이 아니라 시민적 관점에서 사회적 행동을 언어로 실천하는 글쓰기 경험이라 할 수 있다. 이러한 활동은 국어 교과에서의 설득적 글쓰기 교육과 연계되어, 사회적 실천 글쓰기의 장르적 인식을 심화하는 데 기여할 것이다.

나아가 사회적 실천 글쓰기는 국어 · 사회 · 도덕 교과 간 융합 수업으로 설계될 때, 학생들이 현실 사회 문제를 다각적으로 인식하고 글쓰기를 통해 해결 방안을 모색하는 능력을 기를 수 있다. 중요한 것은 단순히 글쓰기 기술을 가르치는 것이 아니라, 사회적 실천 글쓰기의 장르적 특성과 공적 담론의 윤리를 함께 이해시키는 것이다.

학교 현장에서 시민 교육의 필요성은 선거권 연령이 하향 조정되고, 청소년의 정치 참여가 제도적으로 확대되면서 더욱 강조되고 있다. 과거 정치적 논의를 금기시하던 학교 문화에서 벗어나, 오늘날 민주 시민 교육은 2020년 기준 정부가 제시한 "국민의 삶과 직결된 10대 핵심 과제" 중 하나로 포함되었다. 이러한 변화 속에서 사회적 실천 글쓰기 교육은 학생들이 비판적 사고와 공공적 책임 의식을 언어 행위를 통해 실천하도록 하는 시민 교육의 핵심 전략으로 기능할 수 있다.

참고문헌

노들 · 옥현진(2021). 초등 각 교과의 쓰기 활동 양상 분석. ≪작문연구≫, 50권, 97~126.

민병곤(2001). 논증 이론의 현황과 국어 교육의 과제. ≪국어교육학연구≫, 12권, 237~285.

배한동(2008). 『민주시민교육론』. 경북대학교출판부.

심성보(2011). 『인간과 사회의 진보를 위한 민주시민교육』. 살림터.

여집합(2022). 〈대자보〉 '당신의 목소리를 키워 응답해 주세요', https://blog.naver.com/yeo_zipop/222842143849

이동수 외(2013). 『시민은 누구인가』. 인간사랑.

하병학(2003). 학제적 교양과목과 의사소통. ≪철학탐구≫, 15권, 297~315.

지은이 소개

오희영

리터러시인문사회연구소장이다. 가톨릭대에서 독서교육학 전공으로 박사학위를 받았다. 장애인과 노인 등 독서 소외계층을 대상으로 평생 교육 체제 내의 독서 교육을 실천하기 위해 노력해 왔다. 위덕대 겸임교수로 재직하면서는 평생 교육과 다문화 이론, 페미니즘을 강의했다. 현재는 성인 학습자에 주목하여 대학 성인 학습자의 학습 경험과 AI 리터러시 역량 진단에 관한 연구를 진행하고 있다. 논문으로 "그림책에 대한 발달장애학생의 반응 연구"(2018), "국민청원, 소환과 참여의 수사학"(2021), "민주시민의 사회적 실천으로서 글쓰기에 대한 수사학적 연구"(2023), "옛이야기 재화 그림책의 독서교육적 의미 탐색"(2025) 등이 있다.